Heinz A. Richter

Griechische Verteidigungsanlagen 1941

Die Metaxas-Linie

PELEUS

STUDIEN ZUR GESCHICHTE GRIECHENLANDS UND ZYPERNS

HERAUSGEGEBEN VON HEINZ A. RICHTER

BAND 94

HARRASSOWITZ VERLAG AG WIESBADEN
IN KOMMISSION

VORMALS VERLAG FRANZ RUTZEN
WWW.RUTZEN-VERLAG.DE

Heinz A. Richter

Griechische Verteidigungsanlagen 1941

Die Metaxas-Linie

2020

HARRASSOWITZ VERLAG • WIESBADEN
IN KOMMISSION

Peleus
Studien zur Geschichte Griechenlands und Zyperns
Herausgegeben von Heinz A. Richter
Band 94

Umschlagvignette
Bibliografische Information der Deutschen Nationalbibliothek
Die Deutsche Nationalbibliothek verzeichnet diese Publikation in der Deutschen Nationalbibliografie; detaillierte bibliografische Daten sind im Internet über http://dnb.d-nb.de abrufbar.

Bibliographic information published by the Deutsche Nationalbibliothek
The Deutsche Nationalbibliothek lists this publication in the Deutsche Nationalbibliografie; detailed bibliographic data are available in the internet at http://dnb.d-nb.de

Umschlagvignetten:
Umschlagbild: Ein Bunker der Metaxas-Linie
Gegenüber Titelblatt: Innenbild einer Schale des Peithinosmalers, Berlin, Pergamonmuseum (CVA Berlin 2, Taf. 61).

Printed in Germany on fade resistant and archival quality paper (PH 7 neutral).
Gesamtherstellung: Beltz Druckpartner GmbH, Bad Langensalza

www.harrassowitz-verlag.de

ISSN 1868-1476
ISBN 978-3-447-11378-6

INHALT

EINLEITUNG

Über die Kämpfe an der Metaxas-Linie gibt es eine große Zahl von Darstellungen in griechischer, englischer und deutscher Sprache. Aber im Gegensatz zur französischen Maginot-Linie oder zum deutschen Westwall gibt es in keiner dieser Sprachen eine Beschreibung dieser Linie selbst. Im Falle der Maginot-Linie gibt es sogar Führer.[1] Dasselbe gilt für das deutsche Äquivalent. In Griechenland existiert so etwas nicht. Man kann zwar die ehemaligen Bunker zum Teil besuchen, aber es gibt keine Literatur über die Metaxas Linie als solche.

Als ich mein Buch über Griechenland im Zweiten Weltkrieg 1939-1941[2] schrieb, unterstützte mich der griechische Generalstab, indem er mich 1993 zum Besuch der Schlachtfelder in Epirus und Makedonien einlud. Für viele Tage war ich Gast des III. Armeekorps. Kompetente Armeeoffiziere wiesen mich an dem jeweiligen Ort in die jeweilige "Lage" vor 50 Jahren ein und beantworteten sachkundig meine jeweiligen Fragen. Man zeigte mir auch Teile der Festungsanlagen der Metaxas-Linie, und ich gewann den Eindruck, dass diese so etwas ähnliches wie die französische *Ligne Maginot* war. Ich begriff damals nicht, dass man mir nur das jeweilige Hauptwerk zeigte, das aus der Zeit des Kalten Krieges stammte und touristisch "aufpoliert" war. Dennoch war ich dem Geniko Epiteleio dankbar für seine Unterstützung und bin es auch heute noch.

Vor dem Hintergrund dieser Informationen schrieb ich meine Studie über Griechenland im Zweiten Weltkrieg. Sie enthielt ein Kapitel über den "Angriff auf Makedonien". Die Darstellung der Kämpfe war korrekt und ist es immer noch, aber die Beschreibung der Festungslinie selbst war eine Projektion meiner Kenntnisse von der Maginot-Linie und des Westwalls und dabei blieb es 25 Jahre lang.

Erst vor wenigen Wochen entdeckte ich eine neue Quelle in dem belgischen Antiquariat Wernet und erwarb sie. Es handelte sich um eine Veröffentlichung der Abteilung "Auswertung fremder Landesbefestigungen" des Oberkommandos des Heeres über die griechische "Landesbefestigung" aus dem Jahr 1942.[3] Da dieses 230 Seiten lange Buch "nur für den Dienstgebrauch" veröffentlicht wurde, hatte ich es noch nie entdeckt, denn es befindet sich in keiner öffentlichen Bibliothek. Es gibt nur ein Exemplar im Bundesarchiv Militärarchiv in Freiburg, aber dieses ist bibliothekarisch nicht ausgewiesen, weshalb es niemand entdeckte - auch ich nicht, obwohl ich oft im dortigen Archiv arbeitete.

Dieses Buch ist eine wahre Fundgrube. Es beschreibt den historischen Hintergrund, der zum Bau der Metaxas-Linie führte. Es enthält eine präzise Darstellung der topographischen Gegebenheiten. Die in der Linie eingesetzten Truppen und ihre Gliederung sind ein weiteres Thema. Das Buch enthält eine aufschlussreiche Analyse der in der Linie verwendeten Waffen.

Ein ganzes großes Kapitel ist dem Ausbau der Linie gewidmet, deren Qualitäten von festungsmäßig über stellungsmäßig bis feldmäßig reicht. Unterkapitel beschreiben Nachrichtenanlagen, Tarnung und Geheimhaltung des Baus. Im nächsten Kapitel werden die einzelnen Abschnitte der Linie dargestellt. Naturgemäß ist der Teil, der sich mit der Struma- (Strymonos-) und der Nevrokopi-Sperrgruppe befasst, am größten. Die Nestos-Riegelstellung findet hier zum ersten Mal eine genaue Darstellung. Zwei Unterkapitel sind den Sperranlagen von Echinos und Nymfaia in Westthrakien gewidmet. Ein weiteres beschreibt die Befestigungen rund um Alexandroupolis.

---

1 J. E. Kaufmann et alii, *The Maginot Line. History and Guide* (Barnsley: Pen & Sword, 2011).

2 Heinz Richter, *Griechenland im Zweiten Weltkrieg, August 1939 -August 1941* (Bodenheim: Syndikat, 1997); zweite Auflage bei Rutzen ls Peleus Band 2.

3 Oberkommando des Heeres, *Denkschrift über die griechische Landesbefestigung* (Berlin: Reichsdruckerei, 1942)

Die Denkschrift enthält keine Aussage, warum die Hauptlinie nur West- und Ost-Makedonien verteidigte, West-Thrakien aber nur punktuell. Hier muss auf der Grundlage der Denkschrift und weiteren Informationen eine Antwort gesucht werden. Die Denkschrift zeigt ferner, dass es in der Linie fast keine Artillerie gab und der größte Teil der Bauten Maschinengewehr-Bunker waren.

Das Kapitel, das die Kämpfe um die Linie beschreibt, ergänzt da und dort Fakten, die mir bis dato nicht bekannt waren. Ein weiteres Kapitel ist Einzelheiten der Linie gewidmet, so werden Eingänge, Hohlgänge und unterirdische Räume beschrieben. Es wird gezeigt, dass die vorhandenen Panzerteile, wie Panzerkuppeln, nur aus Eisenblech bestanden. Man findet viele hochinteressante Details in den diversen Subkapiteln.

Das Werk ist reich bebildert. Es enthält 211 Abbildungen, zahlreiche Karten und eine Übersichtskarte im Maßstab 1:1.000.000, die sich als Anlage in diesem Band befindet..

Die Denkschrift wurde von kompetenten militärischen Autoren verfasst, die zu gerechten Urteilen kamen. Für sie war der Gegner ein Gegner und nicht ein Feind. Hervorgehoben werden muss ferner, dass der Band politisch absolut neutral ist. Er enthält nicht einen weltanschaulichen Aspekt jener Zeit, was damals selten war. Auf dieser Basis konnte diese Studie verfasst und eine erste wissenschaftliche Darstellung der Metaxas-Linie geschrieben werden.

GESCHICHTE UND TOPOGRAPHIE

Historischer Hintergrund [1]

Als Griechenland 1832 als Staat neu entstand, reichte sein Staatsgebiet im Norden bis zu einer Linie vom Golf von Volos, etwas nördlich von Lamia, zum Golf von Arta. Nördlich dieser Linie begann das Osmanische Reich. Durch den über zehn Jahre währenden Freiheitskrieg war das Land zerstört und die Landwirtschaft lag darnieder. Industrie gab es damals noch keine. Die Ideologie des neuen Staates war die Megali Idea, die Wiedererrichtung des byzantinischen Reiches, was in dieser Zeit natürlich nur ein schöner Traum war.

Zur ersten territorialen Vergrößerung kam es 1863 nach dem Thronwechsel von König Otto zu dem deutsch-dänischen Adelsgeschlecht derer von Schleswig-Holstein-Sonderburg-Glücksburg. Die Briten hatten ihre Finger im Spiel und übereigneten ihre ionischen Inseln 1863 quasi als Morgengabe an Griechenland. Aber das Balkangebiet nördlich davon blieb zunächst unangefochten osmanisch.

Bewegung in die Lage brachte der Firman des Sultans vom 11. März 1870, der das bulgarische Exarchat errichtete und damit die bulgarische Kirche der Kontrolle des orthodoxen Patriarchats entzog. Der Firman gestattete es dem bulgarischen Exarchat, neue Diözesen zu schaffen, die ihm unterstanden, vorausgesetzt zwei Drittel der Einwohner stimmten dafür. Dies öffnete den Bulgaren die Tür nach Makedonien. Die Griechen in Griechenland und in Konstantinopel waren empört, denn sie wollten nicht, dass die in diesen Gebieten lebenden Griechen bulgarisiert würden. Der griechische Protest blieb allerdings vorläufig rein verbal.

1875 brach in Bosnien ein Aufstand gegen die Osmanische Herrschaft aus, der rasch auf die bulgarischen, serbischen und montenegrinischen Provinzen übersprang. Als Rußland sich einmischte, zeichnete sich ein slawisch kontrollierter Balkan ab, was die Griechen sehr beunruhigte. Doch Außenminister Charilaos Trikoupis schaffte es, seine Landsleute zurückzuhalten. Aber als die Russen Adrianopel erreichten, gingen die Gemüter hoch, und es kam zum Regierungswechsel in Athen. Der neue Außenminister Theodoros Deligiannis verkündete, dass Griechenland die von Griechen bewohnten Balkan-Provinzen des Osmanischen Reiches besetzen werde. Doch bevor die griechische Armee losschlagen konnte, wurde der russisch-osmanische Waffenstillstand unterzeichnet und der Krieg endete.

Der Friede von San Stefano vom 3. März 1878 schuf ein Groß-Bulgarien, das von der Donau im Norden bis an das Ägäische Meer im Süden und im Osten vom Schwarzen Meer bis zum Ochrid-See im Westen reichte. Rußland erhielt die östlichen Provinzen des Osmanischen Reiches im Kaukasus-Gebiet. Griechenland ging in diesem Vertrag im Gegensatz zu Bulgarien völlig leer aus. Doch nun mischten sich die europäischen Mächte ein, und ein neuer Kongress wurde im selben Jahr in Berlin einberufen. Bulgarien wurde auf seine ursprüngliche Größe reduziert. Die übrigen Balkanstaaten erzielten territoriale Gewinne und wurden unabhängig. Großbritannien erhielt Zypern. Griechenland ging leer aus. Das Osmanische Reich wurde aufgefordert, Thessalien und Epirus an Griechenland abzutreten, aber dabei blieb es zunächst. Die Türken dachten nicht daran, freiwillig dieses große Gebiet an Griechenland abzutreten, da die neue Grenze in den Augen der Militärs nicht zu verteidigen war. Hinzu kam, dass in Albanien sich zum ersten Mal eine nationale Bewegung rührte.

Eine Lösung wurde erst 1881 auf der Konferenz in Konstantinopel gefunden, an der Griechenland nicht teilnahm. Die großen Mächte, besonders Großbritannien, forderten, dass Grie-

---

1 Die Darstellung folgt Leften S. Stavrianos, *The Balkans since 1453* (New York: Holt, Rinehart and Winston, 1965) und Heinz A. Richter, *Geschichte Griechenlands im 20. Jahrhundert*, Band I (Mainz: Rutzen, 2015) = Peleus 67/I.

chenland die in Berlin vorgeschlagenen Gebiete von Thessalien und Epirus erhalten sollte. Doch erst auf massiven britischen Druck hin erklärten sich die Osmanen bereit, einen kleineneren Teil der in Berlin erhobenen Forderung abzutreten, nämlich nur Thessalien und in Epirus nur den Bezirk (vilayet) von Arta. Dies waren die letzten territorialen Gewinne Griechenlands bis zu den Balkankriegen.

Als Bulgarien 1885 das östliche Rumelien annektierte, glaubte Premierminister Deligiannis, dass die Zeit gekommen sei, dass Griechenland den Rest von Epirus gewinnen könnte, wie es in Berlin vorgeschlagen worden war Er gab den Befehl zur Mobilmachung. Daraufhin blockierten die großen Mächte am 8. Mai 1886 die griechische Küste. Deligiannis trat zurück und Trikoupis hob die Mobilisierung auf, woraufhin die Blockade endete. Ähnliches geschah elf Jahre später, als es in Kreta mehrfach zu Aufständen gegen die osmanische Herrschaft kam. Die Mächte intervenierten und beendeten die osmanische Herrschaft über Kreta, aber unterstellten die Insel ihrer Herrschaft. Kreta wurde autonom unter einem griechischen Gouverneur.

1908 übernahmen die Jungtürken die Macht im Osmanischen Reich. Mit ihnen erhielt das Osmanische Reich eine neue Staatsideologie. Bis weit ins 19. Jahrhundert war die Staatsideologie der Osmanismus gewesen, d.h. die Osmanen herrschten über ein multiethnisches und multireligiöses Reich. Religionen mit Buch wurden toleriert, also Christen und Juden. Unter Sultan Abdül Hamid II. wurde daraus der Panislamismus, wonach die Bürger des Osmanischen Reiches Moslems sein sollten. Unter den Jungtürken wurde daraus der Pan-Türkismus, wonach die Bürger des Osmanischen Reiches Türken sein sollten.

Dieser Wechsel musste die seit längerem aktiven Tendenzen zur Schaffung von nationalen Staaten auf dem Balkan verstärken und zu Konflikten führen. Intensiviert wurde dieser Konflikt noch dadurch, dass Russland und Österreich-Ungarn eigene Interessen auf dem Balkan verfolgten. Im Gefolge der Bosnischen Krise bildete sich 1912 die Balkan-Liga. Verstärkt wurde dieser Konflikt durch den italienisch-osmanischen Krieg wegen Libyen. Schon 1911 war eine serbisch-bulgarische Allianz mit russischer Unterstützung geschlossen worden. Russland hoffte, dass sich dieses Bündnis primär gegen Österreich-Ungarn wenden werde, aber die Bulgaren wollten primär gegen das Osmanische Reich aktiv werden. Im März 1912 schlossen Serbien und Bulgarien ein Bündnis, das vorsah, dass, im Falle eines Sieges über die Türken, Bulgarien jenes makedonische Gebiet erhalten sollte, das ihm im Frieden von San Stefano zugestanden worden war. Zwei Monate später schlossen Bulgarien und Griechenland eine Allianz und versprachen, sich im Falle eines türkischen Angriffs gegenseitig zu unterstützen. Das geheime Ziel der griechischen Politik unter Premierminister Eleftherios Venizelos war der Erwerb von Saloniki, wonach auch Bulgarien strebte. Wenig später schloss sich Montenegro dem Bündnis von Bulgarien und Serbien an.

Am 7. Oktober 1912 erklärte Montenegro dem Osmanischen Reich den Krieg. Wenige Tage später folgten die übrigen Staaten der Balkan-Liga. Die Bulgaren errangen ihren ersten Sieg über die Türken am 22. Oktober bei Kirk-Kilissa und trieben ihre Gegner bis fast Konstantinopel zurück. Ähnlich erfolgreich waren die Serben in Richtung auf den Ochrid-See. Die Griechen stießen auf Grevena vor und besetzten am 8. November 1912 Thessaloniki, kurz bevor dies die Bulgaren tun konnten. In Epirus begannen am 10 November die Belagerung von Ioannina. Auch die anderen Mitglieder der Balkan-Liga waren ähnlich erfolgreich. Am 16. April 1913 wurde der Waffenstillstand zwischen der Liga und dem Osmanischen Reich geschlossen. Am 20. Mai begannen Friedensverhandlungen in London. Die Türkei verzichtete auf alle Gebiete westlich der Enez-Midye-Linie und auf ihren Anspruch auf Kreta.

Der Vertrag zwischen Bulgarien und Griechenland hatte nichts über die Aufteilung von Makedonien enthalten, wobei beide Staaten Anspruch auf Saloniki erhoben. Da Russland und Österreich-Ungarn nichts zur Beruhigung der Gemüter taten, kam es zu ersten bewaffneten Zusammenstößen in Makedonien zwischen griechischen, serbischen Truppen auf der einen und bulgarischen Truppen auf der anderen Seite. Daraufhin schlossen Serbien und Griechenland ein Bündnis. Diesem trat Montenegro bei, und sogar das Osmanische Reich war nicht unabgeneigt, sich im Zweifelsfall in einen Krieg gegen Bulgarien einzumischen.

Karte 1 Territoriale Veränderungen durch die Balkankriege
Quelle: *http://etc.usf.edu/maps/2600/3693/3693.htm*

Ende Juni 1913 griff Bulgarien griechische und serbische Stellungen in Makedonien an. Die Angegriffenen antworteten mit der Kriegserklärung, und innerhalb weniger Tage befand sich Bulgarien auch mit der Türkei und Rumänien im Krieg. Dieser endete mit der völligen Niederlage Bulgariens. Am 10. August 1913 wurde der Friede von Bukarest geschlossen: Bulgarien verlor den Südteil der Dobrudscha an Rumänien. Griechenland erhielt Südmakedonien mit Thessaloniki und Kavalla. Westthrakien blieb bis zum Ende von WKI bulgarisch und wurde erst im Friedensvertrag von Neuilly griechisch. Serbien gewann den nordwestlichen Teil Makedoniens bis Bitola. Adrianopel ging an die Türkei zurück. Ende 1913 folgte die offizielle Anerkennung Albaniens als unabhängiger Staat.

Damit war es den Balkanstaaten zwar gelungen, die Türkei fast völlig aus Europa zu vertreiben, aber die im Frieden von Bukarest gefundenen Lösungen vergrößerten die Spannungen zwischen ihnen und schufen einen neuen Konfliktherd. Bulgarien und die Türkei waren zutiefst verletzt und sannen auf Revanche. Da sie eine Unterstützung von den Westmächten und Rußland nicht erwarten konnten, begannen sie, sich Deutschland und Österreich-Ungarn anzunähern. Es war völlig klar, dass Bulgarien bei passender Gelegenheit versuchen würde, die griechischen Gebiete Makedoniens zurückzugewinnen, um so wieder einen Ausgang zum Ägäischen Meer zu erlangen. Mit dem Frieden von Bukarest wurde eine Art Erbfeindschaft zwischen Griechenland und Bulgarien etabliert.

Als der Erste Weltkrieg ausbrach, blieb Griechenland zunächst neutral. König Konstantin I. war ein überzeugter Neutralist. Er war der Meinung, dass Griechenland, egal auf welcher Seite es in den Krieg einträte, darunter leiden würde. Sein Premierminister Eleftherios Venizelos glaubte an einen raschen Sieg der Entente, konnte sich aber zunächst nicht durchsetzen. Griechenland blieb also erst einmal neutral.

Inzwischen gaben sich mit Mittelmächte große Mühe, Bulgarien auf ihre Seite zu ziehen. Wenn Bulgarien auf ihrer Seit in den Krieg einträte, werde es Teile von Thrakien (von der Türkei) und Makedonien (von Serbien und Griechenland) erhalten. Auf deutsche Veranlassung traten die Türken einen Teil Thrakiens an Bulgarien ab. Bulgarien erhielt zusätzlich eine Anleihe in Höhe von 200 Millionen Francs. Ein Vertrag wurde unterzeichnet, der einen bulgarischen Kriegseintritt gegen Serbien an der Seite Österreich-Ungarns vorsah. Als Belohnung sollte Bulgarien von Serbien jene Teil Makedoniens wieder erhalten, den es 1912 besessen hatte. Sollte Rumänien sich der Entente anschließen, würde Bulgarien außerdem die Dobrudscha wieder erhalten. Im Fall, dass Griechenland auf der Seite der Entente in den Krieg eintrat, würde Bulgarien die Region um Kavalla in Makedonien erhalten.

Bis September 1915 blieb Griechenland neutral. Aber dann forderte Venizelos hinter dem Rücken des Königs die Entente auf, Truppen nach Saloniki zu schicken, um von dort die Serben zu unterstützen. Als der König dies ablehnte, trat Venizelos im Oktober 1915 vom Amt des Premiers zurück, was die Entente nicht daran hinderte, dennoch Truppen in Thessaloniki zu landen. Formal blieb Griechenland aber neutral.

Die Truppen der Entente stießen nach Serbien vor, kamen aber zu spät, um noch wirkliche Hilfe zu leisten, und zogen sich daher nach Thessaloniki zurück. Bis 1916 entstand im Großraum von Saloniki ein "entrenched camp", in dem drei französische, fünf britische und sechs serbische Divisionen lagen. Die Verlegung so vieler alliierter Truppen ließen die Deutschen einen Angriff auf Bulgarien über serbische Gebiet oder durch die Struma-Enge befürchten. Daher ließen die Deutschen am 14. März 1916 die Griechen wissen, dass angesichts der Bedrohung durch die Entente-Truppen deutsche und bulgarische Truppen die Gebirgszüge westlich und östlich der Struma-Enge bis zum Dorf Petritsi am Ausgang der Enge des Flusses besetzen würden. Als die alliierten Truppen noch weiter vorrückten, ließ Generalstabschef Erich von Falkenhayn am 8. Mai 1916 die Griechen wissen, dass man angesichts der Bedrohung durch die Alliierten es für notwendig erachte, die Struma-Enge mit dem seit 1914 im Bau befindlichen Fort Roupel in eigene Hände zu bekommen. Am 22. Mai wurde die griechische Regierung informiert, dass deutsche Streitkräfte die Roupel-Enge besetzen würden. Die griechische Regierung nahm dies zur Kenntnis und erhob formell Protest gegen die Verletzung der griechischen Neutralität.

Aber als am folgenden Tag deutsche und bulgarische Truppen bis zum Ort Siderokastro 15 km südlich der Grenze vorrückten, geschah dies ohne Kämpfe. Damit befand sich das Haupteinfalltor nach Bulgarien, das Struma-Tal, in der Hand der Mittelmächte. Mehr war nicht geplant gewesen und die Truppen rückten auch nicht weiter vor. Genaugenommen war die Besetzung der Roupel-Enge völkerrechtlich das selbe wie die Besetzung des Saloniki-Brückenkopfes fast ein Jahr zuvor. Beide Besetzungen geschahen auf dem Boden neutraler Staaten. Die Entente hatte sich einen Brückenkopf für einen Angriff auf Bulgarien verschafft, und die Mittelmächte hatten den Hauptangriffspunkt unter ihre Kontrolle gebracht. Die Besetzung der Roupel-Enge war für die Mittelmächte letztlich eine Defensivmaßnahme. Die Griechen waren zwar empört, aber sie begriffen, dass die Besetzung der Roupel-Enge eine unausbleibliche Konsequenz der alliierten Landung in Saloniki war. Aber die Entente und Venizelos erhielten damit eine Propagandawaffe, die sie machtvoll ausnützten. Tatsächlich war die Roupel-Enge eine der Hauptdurchlässe durch das bulgarisch-griechische Grenzgebirge.

Als die Alliierten im August 1916 aus dem *entrenched camp* nach Norden vorrückten, um später Bulgarien anzugreifen, stießen bulgarische Truppen von Roupel aus ins östliche Makedonien vor und schlossen Kavalla ein. Da in ihrem Gefolge auch bulgarische Freischärler (lomitatschis) folgten, die griechische Dörfer überfielen und die Einwohner ausplünderten oder umbrachten, kam es zu Fluchtbewegungen. Bis zum 22. August besetzten die Bulgaren ganz Ostmakedonien. Die griechischen Truppen durften sich nicht zur Wehr setzen, da Griechenland noch immer neutral war. Die in Kavalla einkreisten Truppen entgingen der bulgarischen Kriegsgefangenschaft nur dadurch, dass die Deutschen sie als Gäste des Reiches nach Görlitz in Schlesien brachten, wo sie bis zum Kriegsende unter menschenwürdigen Zuständen verblieben.[1] Die Griechen zogen aus dieser Entwicklung die Lehre, dass man in Zukunft die Grenze gegen Bulgarien verteidigen und besser befestigen musste.

Die Grenze zwischen Griechenland und Bulgarien verläuft entlang dem Grenzgebirgskamm und wird nur an wenigen Stellen durch Flüsse durchbrochen. Zum besseren Verständnis der Grenzproblematik ist es daher notwendig, einen genauen Blick auf die Topographie dieser Grenzregion zu werfen.

Auf der nun folgenden Karte ist das Wachstum Griechenlands bis 1947 dargestellt.

1 Heinz A. Richter, "Das 4. Griechische Armee-Korps in Görlitz" in: Heinz A. Richter (ed.), *Aspekte neugriechischer Geschichte. Gesammelte Aufsätze* (Wiesbaden: Harrassowitz, 2018), pp. 64-81.

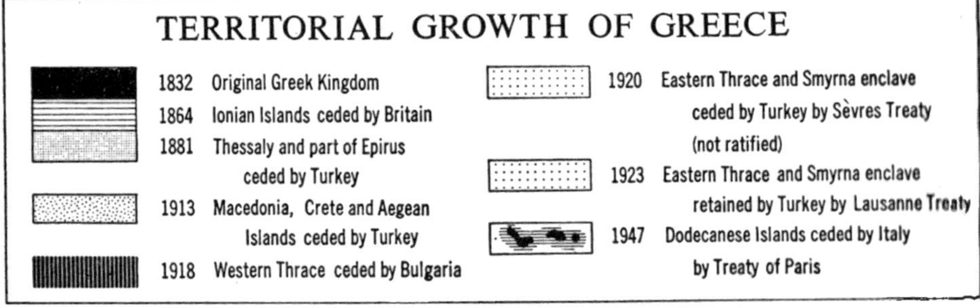

Karte 2 Territoriales Wachstum Griechenlands

Topographische Gegebenheiten Nordgriechenlands

Die Grenze Griechenlands zum Balkan hin verläuft von Albanien bis zur Türkei durch gebirgiges Land. Ihre Gesamtlänge beträgt rd 760 km. Der Gebirgszug in Westmakedonien ist nördlich von Florina beim Grenzübergang Niki durch die sog. Monastiri oder Bitola Gap (Pforte) unterbrochen. Westlich von Florina steigen die Berge bis auf 2.000 Meter an. Weiter östlich erreichen die Berge wieder die selbe Höhe. Der Grenzübergang der Bitola Gap ist eine breite Senke, die für die Verteidiger schwierig zu halten war, wie sich beim deutschen Angriff zeigen sollte, zumal sie keine Befestigungen enthielt. Schließlich war Griechenland mit Jugoslawien befreundet.

Der nach Nordosten führende Gebirgszug erreicht im Kaimakćalan 2.524 Meter, unterschreitet aber die 2.000 Meter Marke bis zum zweiten Grenzübergang bei Gevgelija/Evzoni am Vardar/Axios Fluss nur selten. Im Gegensatz zum Grenzübergang bei Niki ist der am Axios Fluss erheblich enger, aber auch er war nicht befestigt. Offensichtlich konnte kein Militärplaner sich vorstellen, dass ein Angreifer von Bulgarien ins jugoslawische Vardar-Tal vorstoßen und dem Fluss nach Süden folgend die griechische Grenze überschreiten und nach Zentralmakedonien vorstoßen konnte.

Die jugoslawisch-griechische Grenze war insgesamt 180 km lang. Von Gevgelija verlief sie nach Nordosten, durchquerte den Doiran-See und erreichte die Kerkini (Beles) Berge, die ebenfalls 1.800 bis 1.900 Meter hoch waren und nach Osten verliefen. Etwa 15 km nach dem Gipfel Neon Triednies begann das bulgarische Staatsgebiet. Die jugoslawische Grenze verlief von hier an nach Norden. Die griechisch-bulgarische Grenze war insgesamt 300 km lang. Anfangs folgte sie dem Kamm des Kerkini-Gebirges bis zum tief eingeschnittenen Tal des Strymon (Struma). Durch dieses Tal führte die einzige breite Straße aus Bulgarien nach Süden, nach Serres. Da der Strymon ganzjährig Wasser führte, war die Durchfahrt eng begrenzt und konnte leicht kontrolliert werden, wie Festungsbauten aus byzantinischer Zeit und von 1914 (Roupel) zeigen.

Jenseits des Strymon folgte die Grenze den teils über 2.000 Meter ansteigenden Orfilos Bergen nach Osten hin. Nach einigen Kilometern überquerte die von Drama über Nevrokopi kommende schmale Straße die Grenze nach Bulgarien in Richtung Sofia. In Höhe des Städtchen Drama überquerte das Tal des Nestos-Flusses die Grenze und folgte dann den westlichen Rodopi-Bergen. Nördlich von Xanthi überquerte die über Echinos nach Nordwesten nach Plovdiv führende schmale Straße die bulgarische Grenze. Durch die östlichen Rodopi-Berge führte eine weitere schmale Straße von Komotini nach Norden über die Grenze nach Bulgarien, nach Haskovo. Bis zur türkischen Grenze im Norden von Alexandroupolis gab es keine Grenzübergänge nach Bulgarien mehr. Die Grenze zur Türkei folgte dem Evros-Fluss (Maritza), der ebenfalls ganzjährig Wasser führte. Der einzige Grenzübergang in die Türkei befand sich östlich von diesem Ort.

DIE TOPOGRAPHISCHE PLAZIERUNG DER BUNKERANLAGEN

Entlang der griechisch-jugoslawischen Grenze gab es nicht eine Bunkeranlage, denn seit 1934 waren Griechenland, die Türkei und Jugoslawien im Balkanpakt vereint, der die jeweilige Grenzen garantierte. Entsprechend verhielt es sich daher an der türkischen Grenze. In Athen war man jedoch der Ansicht, dass Bulgarien niemals auf die im zweiten Balkankrieg und im Friedensvertrag von Neuilly verlorenen Gebiete verzichten würde. Es mussten also militärische Maßnahmen ergriffen werden, um einen bulgarischen Angriff auf Makedonien abzuwehren. Die einfachste Lösung wäre die Stationierung genügend starker, schlagfertiger Truppen in Mittel- und Ost-Makedonien gewesen. Aber dies hätte dort die Stationierung erheblich größerer Truppenmengen erfordert, als in normalen Friedenszeiten üblich war. Dies hätte eine Vergrößerung der Friedensstärke des griechischen Heeres notwendig gemacht und war angesichts der wirtschaftlichen Lage des Landes ausgeschlossen. Der griechische Generalstab unter der Führung von General Aristeidis Chasapidis entschloss sich daher 1935, die Grenze gegen Bulgarien durch den Bau von Befestigungen zu sichern.[1] Metaxas hatte mit der Errichtung der Bunker-Linie nichts zu tun; wenn sie dennoch seinen Namen trägt, so ging das auf die Presse zurück, die von 1936 an dem griechischen Diktator auf diese Weise huldigte.

Die erste Aufgabe der Befestigungslinie war es, die Mobilmachung und den Aufmarsch der griechischen Truppen gegen Bulgarien zu sichern. Wegen der großen Entfernungen innerhalb Griechenlands und von den Inseln erforderte dies angesichts der schlechten Verkehrbedingungen (eingleisige Bahnstrecke von Athen bis Thessaloniki und weiter) geraume Zeit. Hinzu kam, dass Makedonien das Hauptanbaugebiet für Brotgetreide war. Sollte dieses Gebiet verloren gehen, würde Griechenland völlig vom Import des Brotgetreides aus dem Ausland abhängig werden. Die Verteidigung der makedonisch-bulgarischen Grenze war also hochwichtig.

Wie schon erwähnt, ist die griechisch-bulgarische Grenze 300 km lang and verläuft fast völlig entlang den Gebirgskämmen. Angriffe über diese waren fast ausgeschlossen, da sie nirgends durch Straßen erschlossen waren, wodurch keine schwere Waffen eingesetzt werden konnten und der Nachschub hätte durch Lastenträger gebracht werden müssen. Durchbrüche durch die Berggrenze waren also nur dort möglich, wo Straßen die Gebirgskämme unterbrachen. Solche Durchbrüche gab es auf den ganzen 300 km nur an vier Stellen.

Der Durchbruch des Flusses Strymonos (Struma) ist der größte und bedeutendste. Durch ihn führte die größte und breiteste Straße von Bulgarien nach Griechenland ins Becken von Serres. Das Strumatal war schon in der Vergangenheit immer wieder das Einfallstor nach Griechenland gewesen. Da der Fluss sehr breit war und ganzjährig Wasser führte, war die parallel zu ihm verlaufende Straße leicht zu sperren. Am der engsten Stelle des geradezu schluchtartigen Durchbruchs durchs Gebirge hatte es schon in der Antike und in byzantinischer Zeit Festungsbauten gegeben, durch welche das Tal gesperrt werden konnte. 1914 hatte man etwa an der selben Stelle eine neue Befestigungsanlage gebaut, die allerdings vor dem Kriegsausbruch nicht fertig wurde.

Angesichts der Bedeutung dieser Enge war es klar, dass dort eine der Hauptsperranlagen gebaut werden musste. Doch inzwischen war es ebenso klar geworden, dass ein Durchbruch durch diese Stelle sich nicht auf das Struma-Tal selbst beschränken würde, da ein Angriff auch

---

1 Die Darstellung folgt Oberkommando des Heeres (ed.), *Denkschrift über die griechische Landesbefestigung* (Berlin: Reichsdruckerei, 1942). Diese Studie war nur für den Dienstgebrauch bestimmt und wurde daher noch nie in der Historiographie zur Kenntnis genommen, denn sie befand sich in keiner Bibliothek Von hier an wird sie als *Denkschrift* zitiert.

über die beiden Bergzüge westlich und östlich des Tales vorgetragen werden konnten. Im Osten drohte eine Umgehung über die Karrenwege zu den Dörfern Angistro und Achladochori. Die Sperranlage musste also nach Westen und Osten ausgedehnt werden. Am Ende hatte die Anlage, wie wir noch sehen werden, eine Gesamtbreite von 25 km.[1]

Da die beiden Bergzüge westlich und östlich der Strumaenge nach Süden verliefen, entstand auf der nördlichen Seite, vor und nach der Grenze, ein sich nach Süden zu verengendes Becken, das als bulgarisches Aufmarschgebiet benutzt werden konnte. Die Nordabhänge der beiden Gebirgszüge fallen steil ab und sind durch zahlreiche schluchtartige Täler zergliedert. Da diese Abhänge weitgehend kahl waren, konnten sie von den Höhen von Kelkagia, Arpalouki und Paliourines aus gut eingesehen werden. Die Höhen waren von minderwertigen Karrenwegen durchzogen. Dennoch war klar, dass wenn an der Struma-Enge Bunkeranlagen errichtet würden, die Sperrwirkung vorzüglich sein würde.

Die nach Osten führenden Orfilos Berge, die entlang der Grenze bis auf 2.000 Meter ansteigen, sinken weiter östlich auf Mittelgebirgsniveau ab. Durch dieses Gebiet ging eine Straße, die in Kavalla begann, nach Drama und von dort über Prosotsani nach Nevrokopi unweit der bulgarisch-griechischen Grenze führte und diese in Richtung nach Sofia überquerte. 1913 hatten die Bulgaren diese Straße bei ihrem Vorstoß nach Makedonien benutzt. Im Generalstab in Athen wollte man diese Straße bei Nevrokopi sperren, aber man erkannte rasch, dass diese Stellung westlich und östlich umgangen werden konnte. Diese Wege waren zwar minderwertig, aber sie führten dazu, dass auch an dieser Stelle eine breiter angelegte Sperranlage notwendig war. Außerdem öffnete sich in Nevrokopi nicht nur die Straße nach Drama und West-Thrakien, sondern auch eine nach Serres, von wo aus Saloniki leicht zu erreichen gewesen wäre. Da die Straße von Nevrokopi nach Drama durch die Falakron-Berge führte, bot sich der Bau einer ähnlich breiten Sperrlinie an, die sich dann auf etwa 40 km ausdehnte.[2]

Anschließend an die Sperrlinie von Nevrokopi überquert etwa 15 km weiter östlich der Nestos-Fluss die Grenze. Der Nestos fließt von dort zunächst nach Osten südlich der Rodopi- und nördlich der Valakro-Berge durch ein weitgehend unbesiedeltes, wegeloses Gebiet. Dort, wo das Tal nach Süden umschwenkt, nahm es die von Drama kommende Straße und Eisenbahnlinie, die nach Xanthi führten, auf. Wenig später tritt der Fluss aus den Bergen und fließt durch ein Hügelland, das nach Stavroupolis allmählich zur Ebene wird, ins Meer. Der Nestos war einer der wasserreichsten Flüsse des Balkans. Im Frühjahr führten Schneeschmelze und im Sommer Wolkenbrüche zu Hochwasser, so dass die durchschnittliche Wassertiefe von 1 bis 1,5 Meter beträchtlich überschritten wurde und in den Niederungen oft zu Überschwemmungen führte. In der Ebene hatte der Nestos eine Breite von 500 Meter. Nach Chrisoupolis, südwestlich von Xanthi gelegen, spaltete sich der Fluss in verschiedene Arme, die durch buschbestandene Sumpfflächen zum Meer flossen.[3]

Insgesamt bildete das Nestos-Tal ein ernstes militärisches Hindernis, das Westthrakien von Makedonien trennte. Da es entlang dieses Tales kaum direkte Bedrohungen aus Bulgarien gab, verzichtete man auf die Errichtung größeren Festungsanlagen und beschränkte sich auf die Verstärkung jener Stellen des Tales, die nicht von der Natur als Hindernisse gestaltete worden waren. Die Details werden in einem späteren Kapitel besprochen. Doch schon hier lässt sich festhalten, dass die Nestos-Linie das Ende der eigentlichen, durchgängigen Metaxas-Bunker-Linie bildete.

---

1 *Ibidem*, p. 24.
2 *Ibidem*, p. 111f.
3 *Ibidem*, p. 125f.

Von dort an gab es nur noch zwei Stellen, an denen Angriffe aus Bulgarien stattfinden konnten. Dies waren der Grenzübergang nördlich von Xanthi im westlichem Rodopi-Gebirge und der Übergang über das östliche Rodopi-Gebirge nördlich von Komotini. Die griechische Grenze östlich der Metaxas-Linie verläuft entlang dem Kamm des Rodopi-Gebirges. Dieses Gebirge hat Ausläufer bis zu den Becken von Xanthi und Komotini und erreicht mit seinen letzten Ausläufern bei Alexandroupolis das Meer. Das Rodopi-Gebirge hat den Charakter eines steilhangigen Mittelgebirges mit einer durchschnittlichen Höhe von 800 bis 1.000 Metern.

Die nach Süden gerichteten Gebirgsausläufer bestehen aus schmalen Bergrücken und sind oft gratartig. Die Täler sind oft schluchtartig tief eingeschnitten und haben vielfach steile felsige Hänge. Die unregelmäßigen Formen des Berglandes machten das Gelände recht unübersichtlich. Große Teile davon sind verkarstet, andere sind mit Dornengestrüpp oder Buschwald bedeckt, größere Waldflächen gibt es nur im Osten. Die Wege sind zumeist Saumpfade oder Karrenwege, die motorisierte Bewegungen ausschließen. Im ganze Raum östlich des Nestos gibt es nur die schon erwähnten Straßen

Da die Straße von Plovdiv nach Xanthi kaum umgangen werden konnte, suchte der griechische Generalstab nach einer geeigneten Stelle, wo er den Vormarsch nach Xanthi oder die Strasse und Bahnlinie von Drama nach Xanthis sperren konnte und fand ihn bei dem Dorf Echinos.[1] Das dort errichtete Bunkerwerk trug den selben Namen und wird im späteren Kapitel beschrieben. Die topographischen Bedingen an der zweiten Straße waren sehr ähnlich. Der Generalstab betrachtete die Lage des Dörfchens Nymfaia als geeignet für die Sperrung der Straße von Bulgarien. Von der Höhe 510 konnte der gesamte Anmarschweg eingesehen werden. Warum diese zur Abwehr mehr als geeignete Position nicht mit der geeigneten Bewaffnung ausgestattet war, wird ebenfalls in dem späteren Kapitel analysiert werden

Würden die Sperranlagen von Echinos und Nymfaia überrannt, war ganz Westthrakien dem Gegner ausgeliefert, und der konnte sich ungehindert zum Angriff auf die Metaxas-Linie vor Kavalla bereit machen. Um dies zu verhindern oder zumindest zu erschweren, ließ der Generalstab eine Anzahl von Befestigungen halbkreisförmig in einem Abstand von 12 bis 15 km westlich von Alexandroupolis in den Hügeln, niedere Ausläufer des Rodopi-Gebirges, oberhalb des Sumpfgebietes des Mündungsdeltas des Evros errichten. Das gesamte Bergland in Norden und Osten der Stadt in Richtung auf die bulgarische Grenze ist nur auf Saumpfaden zugänglich.

Die Stadt hatte einen Hafen für mittelgroße Schiffe. Sie konnte also über das Meer versorgt werden, und auf gleichem Wege konnten Verstärkungen zugeführt werden. Größere Schiffe mussten außerhalb des Hafens ankern und dort entladen werden, was damals große Schwierigkeiten machte. Auch wenn die Befestigungen um die Stadt strategisch keine große Rolle spielten, so band schon ihre reine Existenz eine größere Zahl von Truppen eines potentiellen Gegners, denn er musste ständig mit Angriffen aus seinem Rücken rechnen und konnte sich nicht voll auf den Angriff auf die Metaxas Linie vor Kavalla konzentrieren.[2]

Nach diesem kurzen Überblick über die Verteidigungsanlagen gegenüber Bulgarien stellt sich die Frage, warum die durchgängige Metaxas-Linie am Nestos-Fluss endete. Die Verteidigung Westthrakiens war genau genommen völlig unzureichend. Was waren die Gründe, dass Makedonien starke Verteidigungsanlagen erhielt und Thrakien sich mit wenigen punktuellen Anlagen begnügen musste? Der Hauptgrund dürfte finanzieller Natur gewesen sein. Griechenland war mit seinen damals sieben Millionen Einwohnern ein armes Land. Dennoch brachte

1 *Ibdiem*, p. 133.
2 *Ibidem*, p. 138f.

es zwischen 1936 und 1940 die für griechische Verhältnisse enorme Summe von 1,2 Milliarden Drachmen zum Bau der Bunker auf. Diese Summe entsprach damals etwa 45 Millionen Reichsmark.[1] Dieser für griechische Verhältnisse enorme Betrag konnte nur erreicht werden, indem man die staatlichen Ausgaben an anderer Stelle massiv kürzte.

Um die Größe der aufgewendeten Gelder richtig einschätzen zu können, erscheint ein Vergleich sinnvoll. Der doppelt so lange deutsche Westwall (650 km) kostete das Deutsche Reich 4,5 Milliarden Reichsmark. Damit wird klar, dass die Metaxas-Linie im Vergleich mit dem Westwall oder der Maginot-Linie (5 Mrd. Alte Francs) eine arme Leute-Version einer Befestigungsanlage war. Daraus ergibt sich die zweite Frage: Warum erhielt nur Makedonien eine durchgehende Festungsanlage und Westthrakien nicht? Die Antwort ist wohl in der wirtschaftlichen Bedeutung zu suchen. Makedonien war landwirtschaftlich betrachtet eine der reichsten Provinzen Griechenlands. Westthrakien konnte da nicht mithalten, also wurden Prioritäten gesetzt.

1 *Ibidem*, p. 25f.

DIE BUNKERANLAGEN IN MAKEDONIEN UND WESTTHRAKIEN

In den folgenden Ausführungen werden zunächst die Abschnitte der Metaxas-Linie bis zur Nestos-Riegelstellung einzeln beschrieben. Dem schließt sich dann die Beschreibung der beiden Sperrstellungen von Echinos und Nymfaia an. Die Darstellung beginnt damit mit der Sperrgruppe Strymon (Roupel).

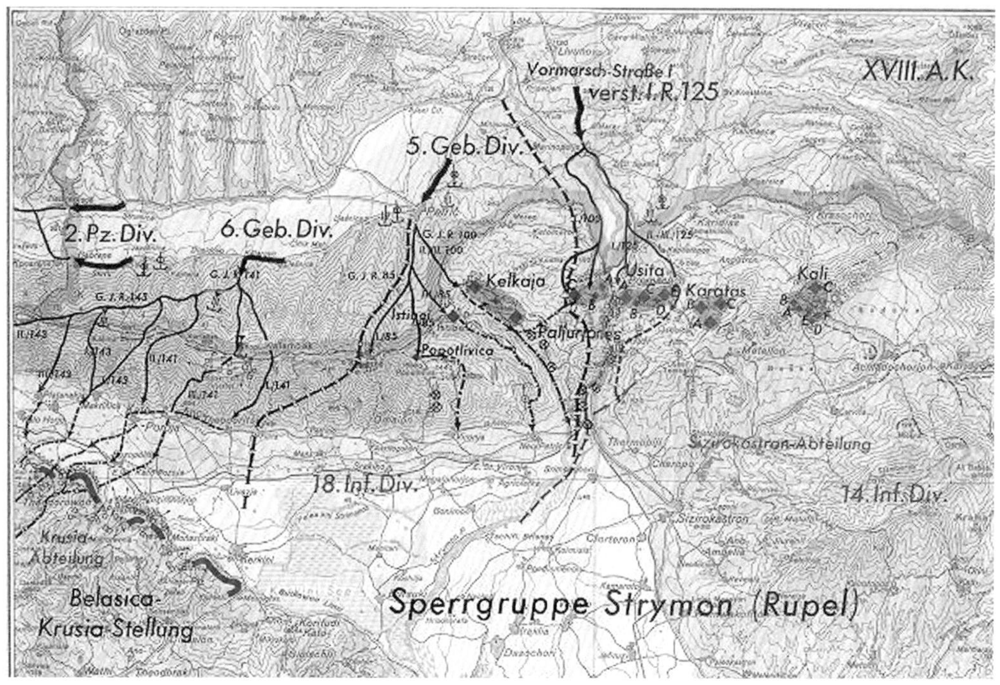

Karte 3 Sperrgruppe Strymonos (Struma) Stand vor deutschem Angriff
Aus Denkschrift Bild 64

Die Sperrgruppe Strymonos (Roupel)[1]

In der Literatur wird diese Stellung oft als Roupel-Pass bezeichnet, was völlig irreführend ist, denn es handelt sich nicht um einen Pass, sondern um eine beinahe schluchtartige Enge der Flusspassage durch die Berge, die ins Becken von Serres mündet. Entsprechend der Bedeutung dieses Durchbruchs durchs Gebirge konnten Sperranlagen sich nicht auf die Talenge beschränken, sondern es mussten die nach West und Osten verlaufenden Höhenzüge und die über sie führenden Karrenwege zu einigen Dörfern mit gesperrt werden. Die Gesamtlänge der Sperranlage gewann dadurch eine Größe von rd. 25 km. Im Westen folgte das Hochgebirgsmassiv von Kerkini mit seinen 2.000 Höhenmetern und im Osten stiegen die Berge bis auf 2.212 m an.

Am Beginn der Enge befand sich auf der östlichen Uferseite die Werkgruppe Usita, die auch als Roupel bezeichnet wird. Sie bestand aus fünf Werken, die höhenmäßig über einander angeordnet waren und bis auf eine Höhe von 200 Metern anstiegen. Das Feuer dieser Bunkeranlagen

1 *Ibidem,* pp. 91-102

richtete sich hauptsächlich gegen das Struma-Tal, aber das beinahe am Fluss gelegene Werk konnte auch das Vorfeld des auf der anderen Flußseite gelegenen Forts Paliouriones unter Feuer nehmen. Da die Bunker höhenmäßig unterschiedlich lagen, konnte sie sich gegenseitig feuermäßig Hilfe gewähren, indem sie gegenseitig die Werkoberflächen unter Beschuss nahmen. Die großen Bunker und die einzelnen betonierten MG-Stände waren fast alle durch Hohlgänge verbunden und die Besatzung dadurch geschützt. Offene Schützengräben gab es nur auf der Südseite; geschützte Ausgänge für Gegenstöße waren zahlreich vorhanden. Nach Osten hin hatte die Anlage Kontakt zum Fort Karatas.[1]

Abb. 1 Fort Usita: vom westlichen Ufer des Struma gesehen
Aus Denkschrift Bild 65

Die Bunker waren durch eine verdeckt geführte Werkstraße verbunden. Einzelne im Süden befindliche Kampfstände waren bei Kriegsausbruch noch nicht fertig gestellt und wurden durch feldmäßige Anlagen ersetzt. Hindernisse gegen Panzerangriffe waren angelegt worden. Stacheldrahthindernisse verhinderten Infanterieangriffe.

Auf dem Gegenufer des Strymon befand sich die Werkgruppe Paliouriones. Zusammen mit dem Werk Usita bildeten die beiden Werke den Kern der Sperrgruppe. Genau wie beim Werk Usita richtete auch diese Bunkeranlage ihr Feuer auf das Struma-Tal und erreichte die selbe Wirkung wie das gegenüber liegende Werk von Usita. Das Werk Paliouriones bestand aus drei Bunkern. Nahe der Talsohle befanden sich zwei Bunker-Anlagen, die eine taktische Einheit bildeten. Das Hauptwerk befand sich 150 m höher und konnte mit seinem Feuer das ganze Gelände belegen und Angriffe auf die Bunkeranlagen selbst unter Feuer nehmen. Genau wie das Werk Usita war auch diese Anlage gegen infanteristische Angriffe gut gesichert. Die Wege zwischen den Anlagen waren auf optimalen Schutz angelegt. Zugleich bildete Paliouriones einen gewissen Flankenschutz für die höher gelegene Kelkagia-Werkgruppe.[2]

Die griechisch-bulgarisch Grenze verläuft vom Dreiländereck mit Jugoslawien kommend immer auf dem Gebirgskamm exakt nach Osten. Etwa 10 km Luftlinie vor dem Fluss Struma

1 *Ibidem*, p. 92f.
2 *Ibidem*, p. 93.

biegt die Grenze scharf nach Norden ab und bildet einen Halbkreis zum Beginn der Enge. Die Höhe des Istimbei mit 1.339 m ist der letzte hohe Punkt. Von da an nimmt die Höhe langsam ab und fällt weiter östlich in Richtung auf den Fluss ab. Der Abfall nach Bulgarien hin ist auf der ganzen Strecke sehr steil.

An der nördlichsten Stelle des Bergrückens auf einer Höhe von 1.027 m befand sich die Werkgruppe Kelkagia. Zu ihr gehörten die Werke Arpalouki und Didimi. Die drei Werke waren fast 3 km auseinandergezogen. Wären diese Werke mit weittragender Artillerie ausgerüstet gewesen, hätten sie sogar in die Kämpfe um Usita und Paliouronies eingreifen können. Das einzige Geschütz, das sich in Arpalouki befand, hatte die Aufgabe, Angriffe auf das weiter südlich liegende Werk Istimbei zu verhindern. Der Zusammenhang zwischen den drei Werken war ziemlich lose und nur durch feldmäßige Anlagen und ein gemeinsames im Norden verlaufendes Stacheldrahthindernis verbunden. Letzeres konnte von den Flügelwerken der Anlage unter Feuer genommen werden.

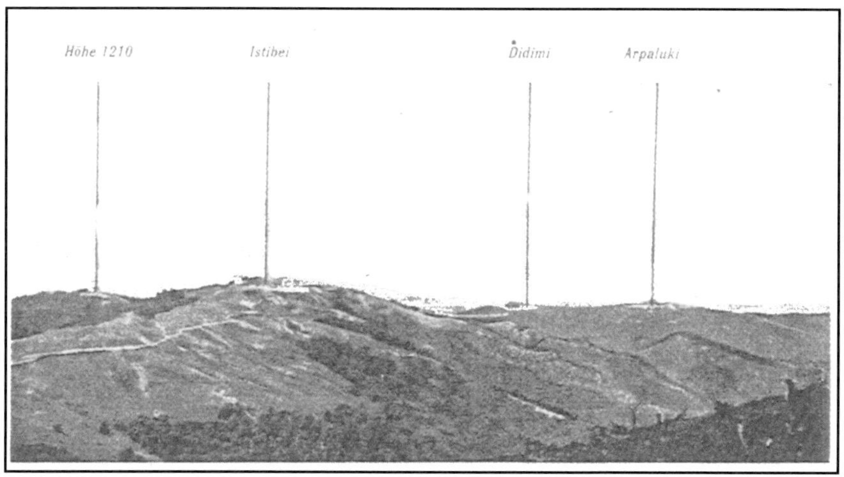

Abb. 2 Blick von Süden auf die Werke Istimbei, Didimi und Arpalouki
Aus Denkschrift Bild 68

Die Feuerkraft der drei Werke in Richtung der bulgarischen Grenze wies eine erhebliche Schwäche auf: Es fehlten die notwendigen Steilfeuerwaffen in der Form von Granatwerfern oder Mörsern. Dennoch war die von der Grenze her drohende Gefahr richtig eingeschätzt worden, und die Abwehr mit den sonstigen Waffen funktionierte recht gut, wie sich beim deutschen Angriff zeigte.

Etwas weiter nach Süden folgte das Werk Istimbei. Es war knapp 200 m von der bulgarischen Grenze entfernt und dadurch durch Handstreich und direkten Schartenbeschuss vom Grenzkamm her gefährdet. Einem Handstreich begegneten die Verteidiger durch verstärkte Sperranlagen. Gegen einen direkten Schartenbeschuss auf Punktschussentfernung war an den griechischen Bunkern keine passive Abwehr vorhanden. Die entsprechende Dienstvorschrift sah als einziges Mittel dagegen die Vernichtung der gegnerischen Waffen. Dazu wären aber mehrere Granatwerfer mit eigener Beobachtungsstelle und starke Stoßtrupps notwendig gewesen. Doch diese waren nicht vorgesehen; außerdem hätte das Werk, um diese unterzubringen, vergrößert werden müssen. Dies hätte den positiven Effekt gehabt, dass der südliche Teil des

Werks aufgelockert und das Schussfeld nach Osten verbreitert worden wäre. Die folgende Karte macht dies deutlich.

Etwas südlich des Werkes Istimbei befand sich das Werk Popotlivitsa. Es ist das erste Werk der Metaxas-Linie im Westen an der Struma-Enge. Westlich von dieser Befestigung entlang

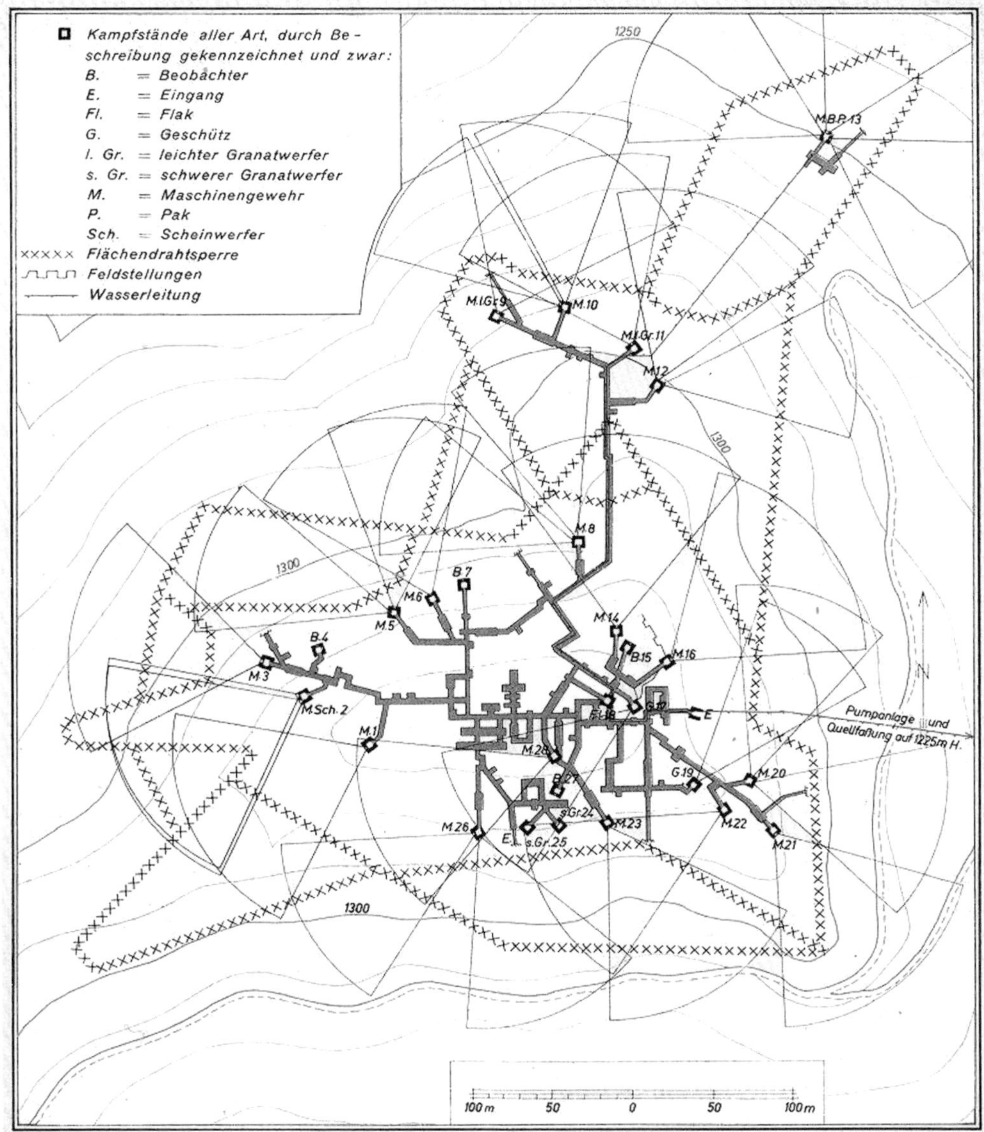

Karte 4 Plan des Werkes Istimbei
aus Denkschrift Bild 44

dem Kamm des Kerkini-Gebirges bis zur jugoslawischen Grenze gab es nur feldmäßige Befestigungen. Genau wie das Istimbei-Werk richtete das Popotlivitsa-Werk sein Feuer auf die Grenze, Die Feuerbereiche der beiden Werke gingen in einander über. Hätte das Werk die richtige artilleristische Ausrüstung besessen, hätte es auf Grund seiner Überhöhung von mehr als 500 m die Werke Didimi und Arpalouki unterstützen können. Aber das Werk war noch im Bau, als der Krieg ausbrach. Der Ausbau nach Süden war noch nicht einmal geplant gewesen. Da das Popotlivitsa-Werk praktisch den linken Flügel der Strymon-Sperrlinie bildete, hatte seinem Ausbau Priorität eingeräumt werden müssen. Da dies nicht geschah, konnte dieses Werk nicht adäquat in die Kämpfe im Belasika-Krousia-Abschnitt eingreifen.

Ostwärts der Struma jenseits von Usita (Roupel) befand sich die Werkgruppe Karatas. Sie bestand aus drei Werken, die sich auf den Höhen zwischen 700 und 800 m weiter östlich befanden.

Abb. 3 Die Werkgruppe Karatas von Bulgarien aus gesehen
Denkschrift Bild 71

Vor dieser Werkgruppe konnte man das Struma-Tal und dessen Talwände einsehen. Die Werke waren reichlich mit Steilfeuereinrichtungen ausgerüstet. Für größere Entfernungen verfügte das Werk A über Geschütze, die das Vorfeld und das Struma-Tal über Usita hinaus unter Feuer nehmen konnte. Beim deutschen Angriff trugen diese Geschütze wesentlich dazu bei, dass die Angriffe auf Usita stecken blieben. Leichte und schwere Granatwerfer ergänzten das Rundumfeuer.[1]

Auf dem äußersten rechten Flügel der Sperrgruppe Strymon befand sich die Werkgruppe Kali, die die Straße von Koula über Angistron nach Achladochori abriegelte. Ihr Werk C auf der Höhe von Osoia (1.194 m) ragte über die Linie der anderen Forts nach Norden vor und konnte das ganze Gebiet bis Kelkagia kontrollieren. Nach der Planung sollte die Werkgruppe K aus sechs Einheiten bestehen, aber mit dem Bau des Werkes D war noch nicht begonnen worden, und der Ausbau der übrigen Werke war noch nicht abgeschlossen. Der Schwerpunkt des Abwehrfeuers lag im nordwestlichen Sektor. Da die Werke bis zu der Höhe des Gipfels von

1 *Ibidem*, p. 97

Osoia anstiegen, überlagerte sich ihr Feuer stark. Eigentlich hätte diese Werkgruppe die ganze Region beherrschen können, aber es fehlte an Fernwaffen, abgesehen von zwei 7,5 cm Geschützen. Damit wurde die beherrschende Lage der Werkgruppe Kali nicht ausgenützt, sondern beschränkte sich auf die Abwehr von Angriffen im Nahbereich.

Weiter südlich von den Werken Usita (Roupel) and Paliouronis wurde die Straße durch die Enge selbst gesperrt. Die Sperrung bestand aus Kampfwagensperren aus sog. Drachenzähnen

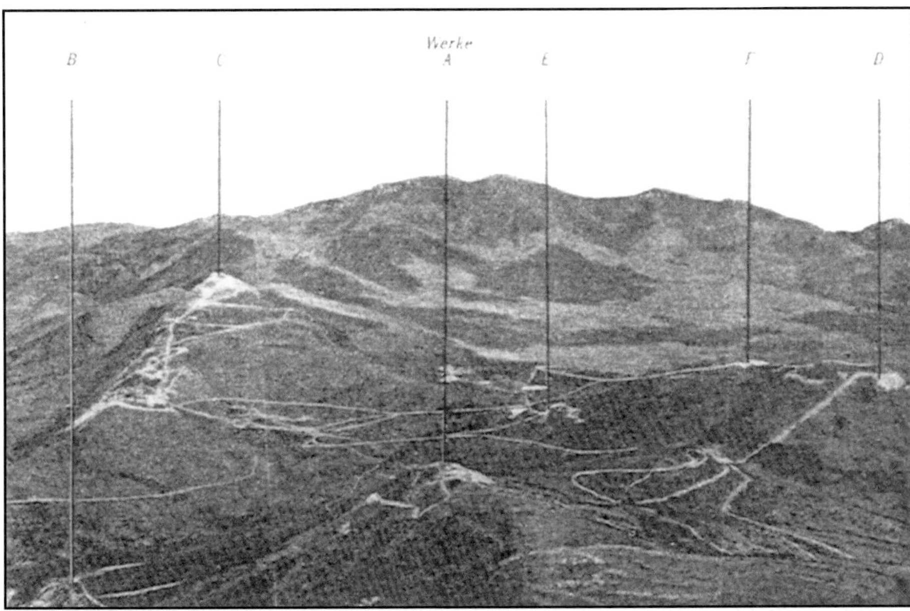

Abb. 4 Werkgruppe Kali von Westen
Denkschrift Bild 72

und aus Geschütz- und MG-Kasematten, die gut getarnt in den Fels gesprengt waren. Die meisten von ihnen konnten die Straße nach vorn mit ihrem Feuer belegen, aber es gab auch Kasematten, die durchgebroche Panzer von hinten mit Feuer beschießen konnten. Sie riegelten die ganze Talsohle ab, so dass nicht einmal der örtliche Verkehr auf dem Karrenweg durchkam. Hinzu kamen feldmäßig erstellte MG-Nester entlang der gesamten Struma-Enge.[1]

Damit lässt sich folgendes festhalten: Die Struma-Sperrgruppe war der festungsmäßig ausgebaute Schwerpunkt der Metaxas-Linie. Wie wir noch sehen werden, war sie in der Lage, einen Angriff auf die Struma-Enge erfolgreich abzuwehren. Die fünf Werkgruppen staffelten von der Fluss-Enge bis zur Höhe der beiden Gebirgskämme im Westen und Osten. Damit hatten sie die besten Voraussetzungen für einen gegenseitigen Feuerschutz und für eine effiziente Feuerüberlagerung..Allerdings waren die Abwehrwaffen größenteils Maschinengewehre und leichte Granatwerfer. Eine weiterreichende Artillerie fehlte fast völlig.

1 *Ibidem*, pp. 99-101.

Abb. 5 Panzersperre und Geschütz- und MG Kasematte
Denkschrift Bild 76

Abb. 6 Geschütz- und MG-Kasematte an der Enge
Aus Denkschrift Bild 75

Die Schwäche der Strymon-Sperrgruppe lag auf ihrem linken Flügel, dem Kerkini-Gebirge, das sich zur jugoslawischen Grenze hinzog. Dieser Gebirgszug ist auch unter den Namen Beles oder Belasiza bekannt. Die weiter im Süden folgende Krousia-Stellung verfügte über wenige betonierte MG-Nester. Hinzu kam, dass der Kamm des Kerkini-Gebirges beginnend am Werk Istimbei sehr schmal ist und den Bau von Befestigungsanlagen wie weiter östlich nicht zuließ. Es wurde daher beschlossen, eine Grenzschutzstellung auf dem Kamm in einer Höhe von 1.800 bis 2.000 m, hart an der bulgarischen Grenze, zu erbauen. Sie bestand aus feldmäßigen Verteidigungsanlagen mit MG-Nestern.

Abb. 7 Der Kamm des Kerkini-Gebirge
Aus Denkschrift Bild 82

Das Kerkini-Gebirge ist ein langgestreckter schmaler Gebirgszug, dessen mittlere Kamm-Höhe 1.800 m übersteigt und oft aus reinem Felsen besteht. Von der fast geradlinigen Kammlinie fallen nach beiden Seiten Täler steil ab, nach Norden ins Strumitza-Tal und nach Süden ins Koumli-Tal. Auf der griechischen Seite gibt es Terrassen am Abhang. Der Höhenunterschied zwischen den Talsohlen beider Flüsse und dem Kamm liegt bei 1.600 bis 1.800 m. Im Norden waren die Abhänge bis auf 1.700 m mit Laubwald bestanden. Auf der griechische Seite gab es bis 1.000 m dichten Buschwald oder mannshohes Gestrüpp. Die Kamm- und Gipfelzone war teils kahl oder mit kümmerlicher Hochgebirgsvegetation bedeckt.

Als die griechische Militärführung an die Planung der Metaxas-Linie ging, beschloss sie, am Kamm des Kerkinis-Gebirges eine Grenzschutz-Linie in 1.800 bis 2.000 m direkt an der bulgarischen Grenze zu errichten, die einen kampflosen Übertritt des Gegners auf griechisches Gebiet verhindern sollte. Da die Kammfläche schon nach wenigen Metern in die Abhänge überging, war die Errichtung von Bunkeranlagen wenig sinnvoll, denn das Schussfeld war extrem beschränkt. Unter diesen Umständen war die Schaffung einer Kampfzone, in der Widerstand geleistet werden konnte, unmöglich. Man beschränkte sich daher auf rein feldmäßige Anlagen an den wichtigen Punkten des Kamms.

Es waren gruppenmäßig zusammengefasste Schützengrabenstücke mit MG-Nestern mit aus Bruchsteinen zusammengefügten Seitenwänden und einem ebenfalls mit Steinen bedeckten Wellblechdach. Da der felsige Boden das Graben von tieferen Schützelöchern verbot, fügte man relativ niedere Brustwehren in einem Meter Höhe aus Bruchsteinen zusammen. In diese waren ausbetonierte Schießscharten eingefügt. Es war klar, dass die Befestigungen mit leichtestem Artilleriebeschuss zerstört werden konnten. Um sich dennoch zur Wehr setzen zu können, wurden auf den weiter abwärts gelegenen Terrassen Hinterhangsperrstellungen errichtet. Diese hatten den Charakter von verstärkten Feldbefestigungen. Das Problem dieser Stellungen war jedoch, dass sie vom Kamm her einzusehen waren und unter Flach- und Steilfeuer genommen werden konnten, ohne sich wirksam zur Wehr setzen zu können. Daher wurde die Krousia-Stellung zur Hauptkampflinie. Aber auch diese Linie war erst 1939 in Bau genommen worden und befand sich noch im Bau, als der Krieg ausbrach. So waren nur die Festungswerke der eigentlichen Metaxas-Linie wirksame Sperrriegel.

Die Sperrgruppe Nevrokopion[1]

Bei ihrem Vormarsch nach Makedonien waren die Bulgaren im ersten Balkankrieg nicht durch die Struma-Enge vorgestoßen, sondern waren über Nevrokopi nach Drama marschiert.Da man in Athen eine Wiederholung dieses Manövers befürchtete, hatte man die Sperrgruppe Nevrokopi errichtet. Da aber aus Bulgarien weitere kleinere Verbindungswege nach Griechenland führten, auf denen die Hauptstraße umgangen werden konnte,, musste die Sperre breiter angelegt werden. Diese Nebenstraßenwaren zwar minderwertig, da aber das Gelände, durch welche alle Straßen führten ziemlich flaches Land war, konnte ein motorisierter Angriff quer durch Gebiet nicht ausgeschlossen werden. Der griechische Generalstab beschloss daher, den Sperriegel breit anzulegen und an in der Natur vorhandene Hindernisse anzulehnen. Das war im Osten der Fluss Nestos und im Westen die bis auf 2.200 m ansteigende Orvilos Berge.

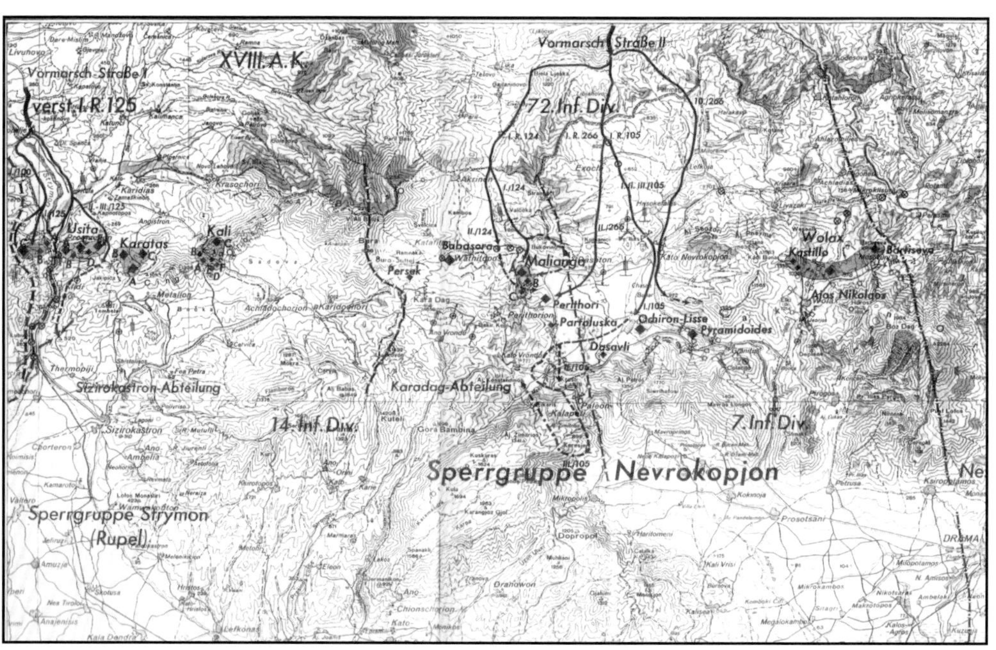

Karte 5 Die Sperrgruppe Nevrokopion
Aus Denkschrift Bild 87

1 *Ibidem*, pp. 111-124

Das Becken von Nevrokopi ist eine etwa 50 km² große, zum Teil sumpfige Ebene, die auf allen Seiten von Gebirgen umgeben ist, welche sich bis 1.700 m erheben. Am Südrand des Beckens erhebt sich ein etwa 700 m hoher allein stehender Marmorkegel, der wie das dort liegende Dörfchen den Namen Ochyron trägt. Dieser Kegel beherrscht das Becken von Nevrokopi nach allen Seiten. Diese Tatsache war schon von alters her bekannt, wie schon der Namen zeigt. Ochyron ist ein griechischen Wort und bedeutet Befestigung. Auch die Osmanen hatten diese Bedeutung erkannt, wie die Reste einer türkischen Befestigung zeigen.

Das auf diesem Kegel gebaute Hauptwerk Ochyros (Fort) Lisse war eines der am besten ausgebauten Sperrwerke der Metaxas-Linie. Die zentralen Kampfanlagen waren durch das Hohlgangsystem mit einander verbunden. Die Kampfstände waren in Gruppen zusammengefasst und verfügten über bombensichere große Unterstände. Zusätzlich gab es in den Fels gesprengte Schützengräben. Wie die Karte zeigt, war des Fort feuermäßig bestens ausgerüstet und konnte das Becken von Nevrokopi lückenlos unter Feuer nehmen. Die Steilabhänge konnten nicht bestrichen werden, waren aber so steil, dass kaum ein Angriff zu befürchten war.

Auf einer am Fuß des Berges nach Norden vorspringenden Bergnase befanden sich weitere Anlagen, die das frontale Feuer erheblich verstärkten und vor allem den Fuß des Bergen wirkungsvoll mit Feuer flankierend belegten. Zugleich unterstützte das Feuer von Ochyros Lisse die weiter westlich gelegenen Werke von Partalouska und Perithorion sowie die von Malianka und nach Osten hin die Werke von Pyramidoeides. Wenn es beim Angriff auf diese Forts hohe Verluste gab, war dies auch auf die Feuerunterstützung durch Ochyron Lisse zurückzuführen. Das Werk Lisse war aufgrund seiner Lage imstande, auch Angriffen mit modernen Waffen länger zu widerstehen.

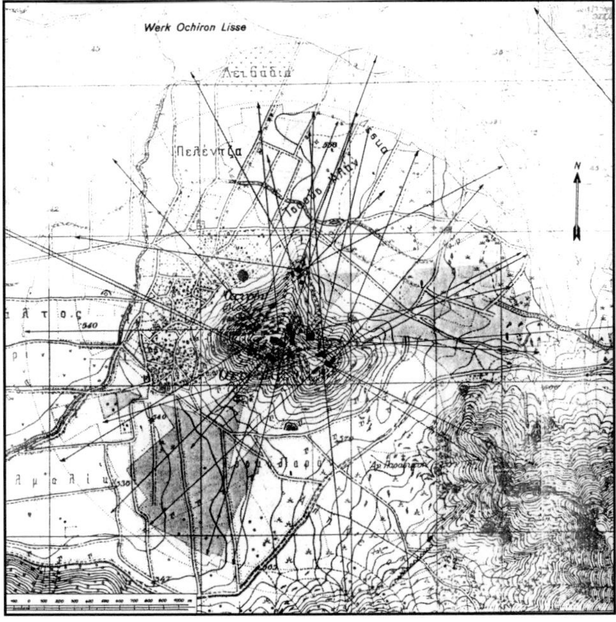

Karte 6 Ochyron Lisse
Ausschnitt aus Denkschrift Bild 171

Auf der linken Seite des Beckens zog sich eine Kampfwagensperre aus "Drachenzähnen" vor den Sperrwerken hin. Hinter dieser Sperre westlich von Fort Lisse folgten nacheinander in nördlicher Richtung die Sperrwerke Partalouska, Perithorion und Malianka. Den nordwestlichen Eckpfeiler der Metaxas Linie im Becken von Nevrokopi bildete die kleine Werkgruppe Malianka. Diese Gruppe bestand aus zwei Werken, die eine taktische Einheit bildeten. Zwischen ihnen und in ihrem Vorfeld befanden zahlreiche feldmäßige Anlagen. Einzig das zerklüftete Gelände beeinträchtigte die Feuerwirkung der Anlage. Um dieses auszugleichen, wurden feldmäßige Anlagen bis zu zwei Kilometer vorgeschoben.

Abb. 8 Blick vom Werk Perithorion nach Osten über das Becken von Nevrokopi
Aus Denkschrift Bild 93

Im Osten des Beckens von Nevkrokopi sperrte das Werk Pyromidoeides die nach Drama und Walx führende Straße. Es lag auf zwei Terrassen des steilhangigen Berges gleichen Namens. Es konnte nur die von Kato Nevrokopi und Vrondou herführenden Straßen unter Beschuss nehmen. Im Falle der Eroberung des Werkes wurde wenige Kilometer weiter am Pass von Granitis eine Sperre errichtet. Ihre Geschütze waren im Felsen eingegraben, und feldmäßige Anlage vervollständigten die Sperre.

Noch weiter im Osten in den Falakron Bergen lag die Werkgruppe Wollax. Sie war von Nevrokopi so weit entfernt, dass sie ursprünglich als unabhängiges Werk geplant gewesen war. Doch dieser Plan wurde fallen gelassen. Ihre Aufgabe war es, die rechte Flanke der Nevrokopi Sperrgruppe zu sichern und die aus nördlicher Richtung nach Wollax führenden Wege zu sperren. Die Werkgruppe bestand aus drei Werken Kastillo, Agios Nikolaos und Vertiseva und lehnte sich an den Nordabhang des Gebirges an. Die Werke deckten sich gegenseitig gegen mögliche Angriffe.

Genau wie die Sperrgruppe am Strymon sperrte die Sperrgruppe von Nevrokopi eine entscheidende Stelle bei einem potentiellen Angriff. Im Gegensatz zum Struma-Werk hatte diese Verteidigungslinie eine größere Tiefe, wie sich bei den späteren Kämpfen zeigte. Doch wie an der Struma-Enge war auch hier der linke Flügel die schwache Stelle.

Die Nestos-Riegelstellung[1]
Wie schon erwähnt, überquert der Fluss Nestos von Bulgarien kommend etwa 15 km weiter östlich von der Straße nach Drama die Grenze. Etwa vier Kilometer flußabwärts kreuzt ihn die Straße von Nevrokopi über Mikrokleisoura, Potami, Mikromileia, Pappades nach Drama. Das Flußtal führte bis Paranesti durch Gebirge, das 1.000 m hoch ist. Im ersten Teil wird dieses Hochgebirge durch lange tief eingeschnittene Täler unterbrochen. Dort befinden sich einige wenige Dörfer, das Nestos-Tal selbst ist fast unbesiedelt. Auch im anschließenden Teil des Tales, das durch Mittelgebirge führt, findet sich fast keine Siedlung. Auch dort befinden sich die Siedlungen in der Seitentälern und sind durch Saumpfade oder Karrenwege verbunden. An einzelnen Stellen, die angegriffen werde könnten, wurden feldmäßige Kampfanlagen errichtet. Kurz bevor der Nestos die Berge bei Stavroupolis verlässt, wird der Fluss breiter.

Abb. 9 Der Nestos kurz von Stavroupolis
Aus Denkschrift Bild Nr 105

Unmittelbar nach dem Gebirgsaustritt erreicht er eine Breite von 500 m. Wenige Kilometer weiter beginnt die Küsten-Ebene von Xanthi und von Chrysoupolis, dort spaltet sich der Fluss in viele Arme auf und floss weiter zum Meer. Die Flächen zwischen den Flussarmen sind sumpfig und von Büschen bewachsen.

Militärisch betrachtet ist der Fluss auf der ganzen Strecke ein großes Hindernis. Ein Angriff auf ihn hätte von Osten erfolgen müssen, und da es im Hochgebirge keine einzige Straße gab, der entlang ein Angriff hätte vorgetragen werden können, war ein Angriff dort ausgeschlossen.

1 *Ibidem*, pp. 125-132

Weiter südlich im Mittelgebirge gab es die Straße und die Bahnlinie von Drama nach Xanthi, und von dort führte eine weitere Straße nach Norden wo sich bei Echinos eine Sperranlage befand, die wir später beschreiben werden. Ein Angriff von Osten konnte also nur durch das südliche Mittelgebirge oder in der Ebene erfolgen. Die beiden folgenden Karten erläutern die Abwehrmaßnahmen. Es gab nirgendwo echte Bunkeranlagen. Dort, wo Angriffe möglich erschienen, wurden feldmäßige Abwehrstellungen gebaut.

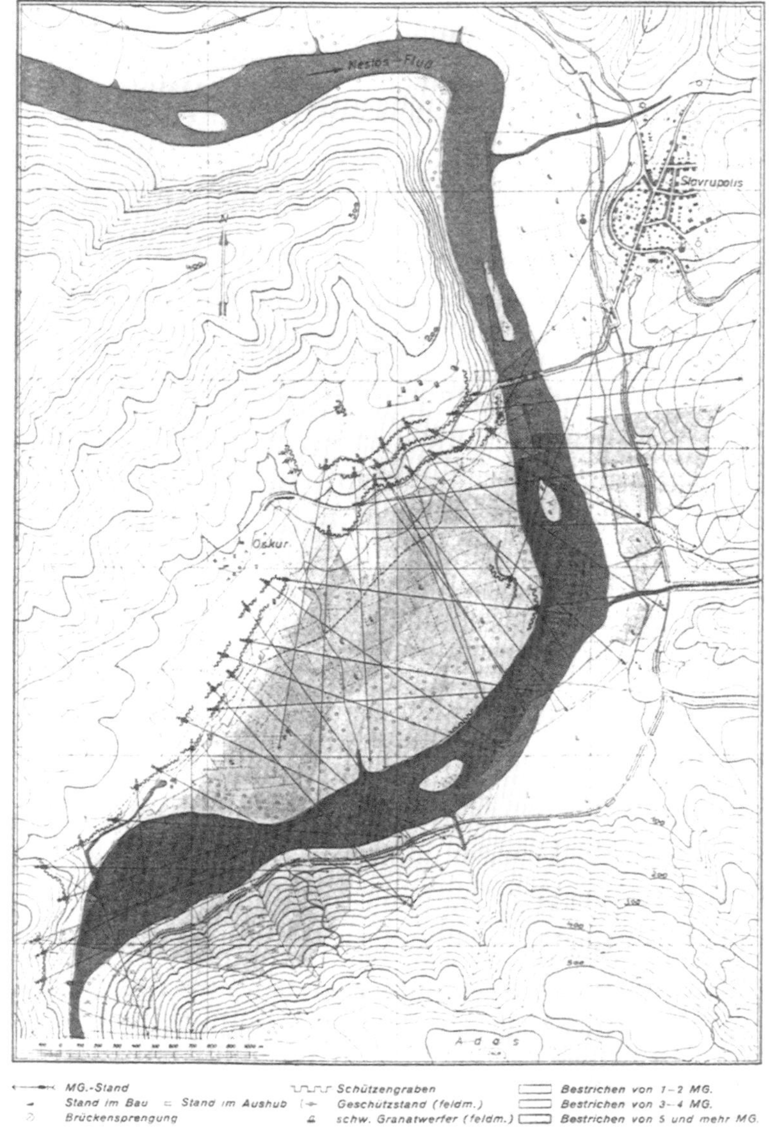

Karte 7 Verteidigungsstellung bei Stavroupolis
Aus Denkschrift Bild 109

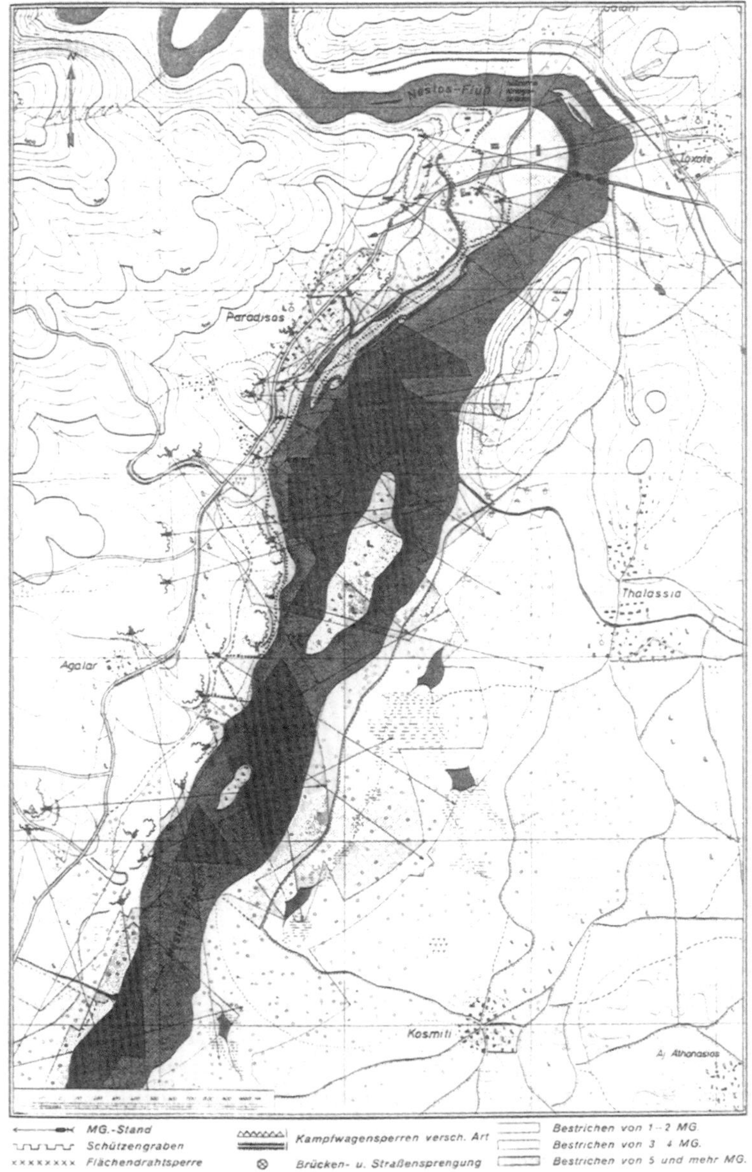

Karte 8 Verteidigungsstellung bei Toxotai
Aus Denkschrift Bild 110

Die Nestos-Riegelstellung wurde nicht einheitlich geplant. Ihre Abwehrstellungen beschränkten sich auf die wichtigsten Stellen unter Verwendung schon existierender älterer Anlagen. Die meisten Stellen waren feldmäßig ausgebaute Positionen. Die Abwehr ging nur in eine Richtung; nicht einmal an den Schwerpunkten waren Ansätze zur Rundumverteidigung vorhanden. Die Erklärung für diese punktuelle Verteidigung liegt vor allem darin, dass die Nestos-Front 100 km lang war und man sich auf den Nestos als natürliches Hindernis verließ, was er für lange Strecken auch war. Im Vertrauen darauf waren 40 km nur schwach besetzt und 35 km überhaupt nicht. Die rasche Verlegung von motorisierten Reserven war an dieser Front ausgeschlossen. Letztlich wäre die Nestos-Stellung gar nicht in der Lage gewesen, eine echten Vorstoß des Gegners aufzuhalten.

Der Werkabschnitt Echinos und Nymfaia[1]

Die Werke Echinos und Nymfaia sind die beiden einzigen gegen Bulgarien gerichteten Verteidigungsanlagen in Westthrakien. Das Werk Echinos liegt beim gleichnamigen Dorf an der Straße von Xanthi nach Plovdiv, das Werk Nymfaia weiter im Osten an der Straße von Komotini nach Bulgarien. Die von Echinos kommende Straße überquert die westlichen Rodopi-Berge in einer Höhe von 1.413 m, während die Straße von Nymfaia die östlichen Rodopi-Berge auf etwa 900 m überschreitet.

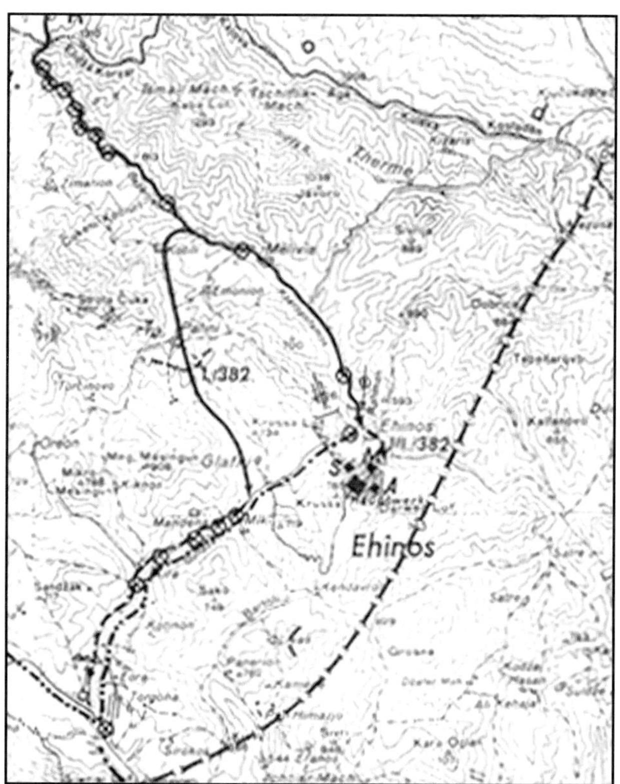

Karte 9 Werkgruppe Echinos
Ausschnitte aus Denkschrift Bild 104

Die Werkgruppe Echinos liegt an der Straße von Xanthi nach Plovdiv südlich des gleichnamigen Dorfes auf der Nord- und Ostseite des dahinter liegenden Mittelgebirges namens Ken-

1 *Ibidem*, pp. 133-137.

tavros. Der obere Teil des Bergrückens, auf dem sich die Werkgruppe befindet, ist flach, die Hänge nach Norden und Osten fallen sehr steil ab und sind von vielen kleinen Schluchten unterbrochen und mit dornigem Gestrüpp und Buschwald bewachsen, was für einen Angreifer gute Deckung bieten würde.

Abb. 10 Werkgruppe Echinos Werk A von Osten gesehen
Aus Denkschrift Bild 116

Abb. 11 Werkgruppe Echinos, Werk S und die deutsche Vormarschstraße
Blick vom Hauptwerk, aus Denkschrift Bild 117

Der Standort des Werkes auf dem Kentavros-Gebirge ist gut gewählt, denn von dort ist die ganze Straße auf große Entfernung einsehbar und beherrschbar. Von der bulgarischen Grenze nach Xanthi gibt es außerdem keine andere Straße. Von ihr zweigen Straßen nach Kavalla und Drama im Westen ab, also auf Nestos-Verteidigungslinie ab. Angesichts der Bedeutung der Sperrfunktion entschied der Generalstab, das Echinos-Werk größer auszubauen. Es bestand nun aus dem auf der Berghöhe gelegenen Hauptwerk und drei nach Osten und Westen vorgelagerten, in sich geschlossene, kleineren Werke A, M und S. Das kleinste Werk A ist einige hundert Meter vom Hauptwerk entfernt und sollte zusammen mit dem Werk M den Südosten kontrollieren. Werk A war aber bei Kriegsausbruch noch nicht völlig fertiggestellt.

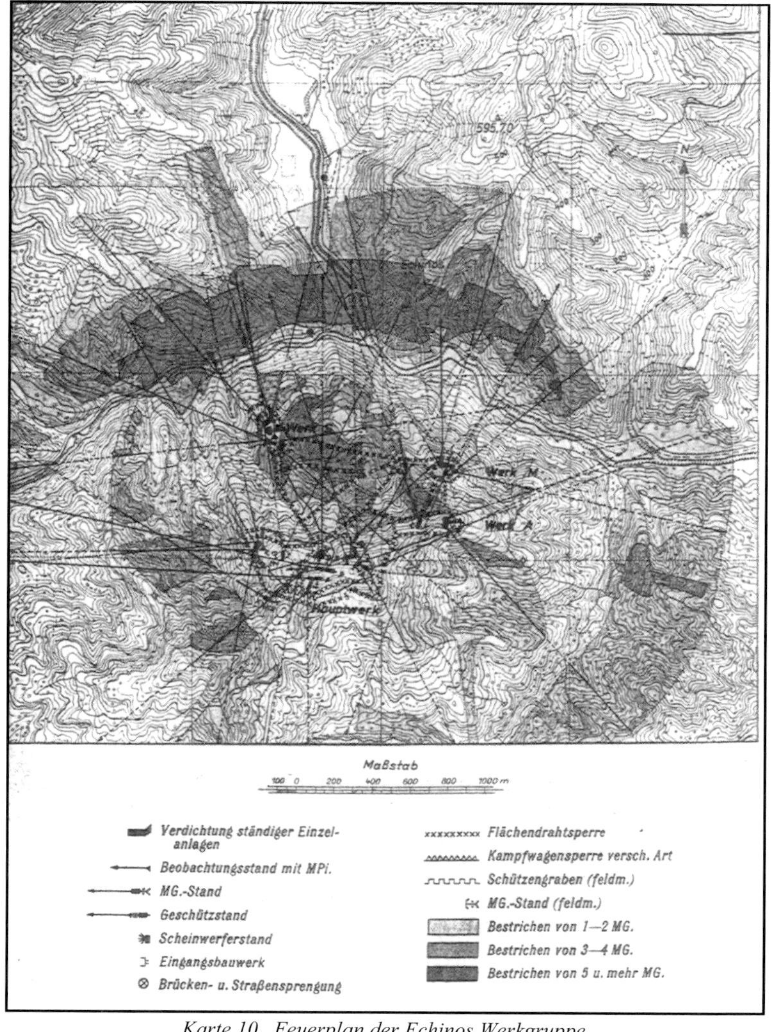

Karte 10 Feuerplan der Echinos Werkgruppe
Aus Festschrift Bild 114

Die Aufgabe der Werkgruppe Echinos war es , die Vormarschstraße von Bulgarien her zu sperren. Dazu war der Einsatz weitreichender Waffen notwendig: oder Geschütze, die vom Hauptwerk feuerten, konnten die Straße sperren. In der Tat waren zwei Geschützstände für 7,5 cm Kanonen auf dem Hauptwerk vorhanden, aber aus unerfindlichen Gründen waren diese fest eingebaut und konnten nur nach WNW feuern. Dies war ein kapitaler Fehler, denn in diese Richtung gab es kein vernünftiges Ziel, außerdem waren keine weiteren Geschütze im Werk.

Wie der Feuerplan zeigt, war auf die Rundumverteidigung wenig Wert gelegt worden. Wären die Werke dichter an den Steilabhängen errichtet worden, hätte sich eine Verbesserung des Schussfeldes ergeben. Doch dies hätte einen größeren Ausbau des Hohlgangsystems verlangt, aber gleichzeitig eine Auflockerung der ganzen Anlage gebracht. Dafür war die ganze Anlage mit feldmäßigen Schützengräben umgeben.

Die Werkgruppe Nymfaia lag westlich des gleichnamigen Dorfes auf einem 579m hohen steilhangigen Bergrücken rechts der Straße von Komotini nach Haskovo in Bulgarien. Vom Werk aus war die Straße nach Bulgarien bis fast zur Grenze einzusehen, wie das anschließende Foto zeigt.

Abb. 12 Blick von Nymfaia in Richtung bulgarische Grenze
Aus Denkschrift Bilde 118

Das Werk war der länglichen Bergform angepasst und erreichte eine Längsausdehnung von fast einem Kilometer. Die Kampfanlagen waren über den ganzen Berg verstreut und weniger als ein Drittel war durch das Hohlgangsystem verbunden. Die einzelnen Kampfstände, die in kleinen Gruppe zusammengefasst waren, bestrichen die von der Werkgruppe nicht einsehbaren Steilhänge. Zwischen den einzelnen Werken befanden sich Schützengräben, die die ganze Werkfläche umfassten. Ihrer Besatzung standen bombensichere Schutzräume zur Verfügung, in denen sie sich bis zum Angriff aufhalten konnte.

In Nymfaia fehlten schwere, weittragende Waffen, was angesichts der beherrschenden Lage der Anlage kaum zu verstehen ist, die auf viele Kilometer die Vormarschstraße kontrolliert. Dies ist, wie bei den meisten anderen Befestigungen, nur so zu erklären, dass die Artillerie fast völlig in Albanien gegen die Italiener im Einsatz war. Im Einsatz waren ausschließlich Maschinengewehre, wie fast in allen griechischen Festungswerken.

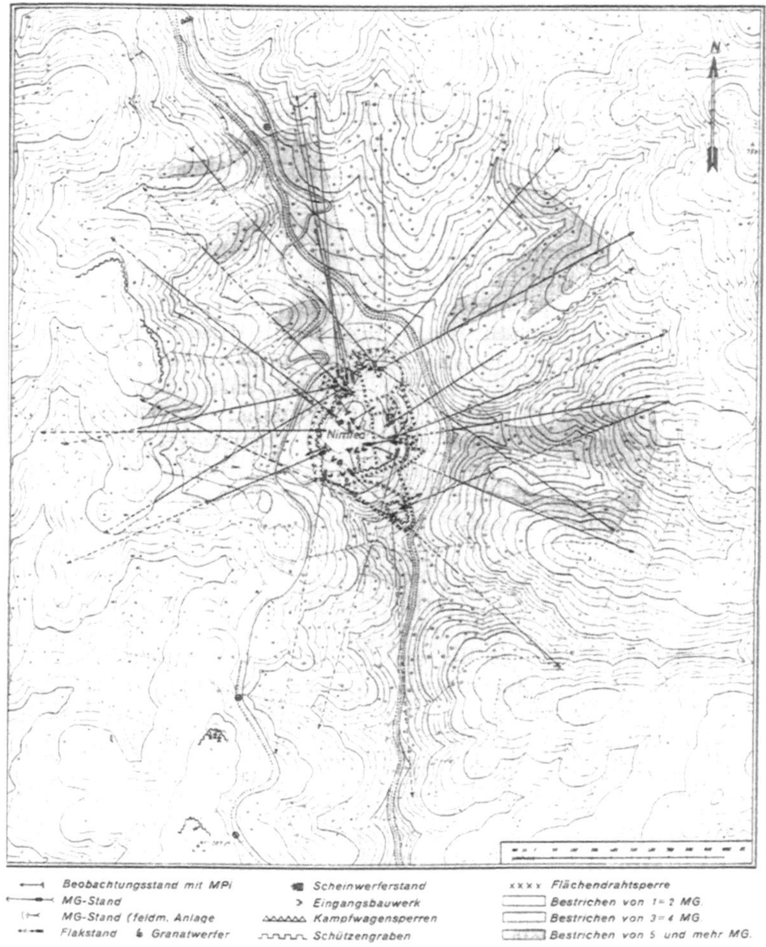

Karte 13 Feuerplan des Werkes Nymfaia
Aus Denkschrift Bild 115

Die Befestigungen von Alexandroupolis[1]

Die eigentliche Metaxas-Linie deckte nur das Gebiet zwischen der jugoslawischen Grenze und dem Nestos ab, also Mittel- und Ostmakedonien. West-Thrakien war nur durch die Sperrung der beiden Straßen aus Bulgarien, die nach Xanthi und Komotini führten, gesichert. Wurden

1 *Ibidem*, pp. 138-141

die dortigen Sperrwerke, Echinos und Nymfaia, erobert, war Thrakien dem Zugriff der Angreifer ausgeliefert.

Im Generalstab in Athen hatte man diese Lage erkannt. Gab es in West-Thrakien kein weiteres militärisches Hindernis, konnte der Gegner seine Kräfte dort in Richtung Westen konzentrieren und zum Angriff auf die Echinos-Linie antreten. Um wenigstens einen Teil dieser angreifenden Kräfte zu binden, entschloss man sich, die Stadt Alexandroupolis zur "Festung" auszubauen. Der Begriff "Festung" ist irreführend, da die Verteidigungsstellung nicht eng um die Stadt verlief, sondern in einiger Entfernung, daher sollte man von Stellung sprechen.

Die Stellung Alexandroupolis sollte also verteidigt werden. Sie hatte von Beginn an eine Besatzung, die in der Lage war, die Stellung zu verteidigen. Da Alexandroupolis einen Hafen hatte, konnten Verstärkungen zugeführt werden. Zugleich konnte die Stadt griechische Kräfte aufnehmen, die sich aus Echinos und Nymfaia abgesetzt hatten. Mit diesen vereinten Kräften konnte man eventuell sogar zum Gegenangriff übergehen. Operativ gesehen war Alexandroupolis damit ein Teil der Metaxas-Linie.

Die Befestigungsanlagen verlaufen ungefähr halbkreisförmig im Abstand von 12 bis 16 km um die Stadt. Sie befinden sich in den Südostausläufern des Rodopi-Gebirges. Das Hügelland der nahen Umgebung der Stadt steigt rasch zu größeren Höhen an, die den Charakter des Mittelgebirges tragen. Im Osten liegen hohe verkarstete Massive, die durch breite Täler getrennt und dadurch einsehbar sind. Die Nordfront ist durch schluchtartige felsige Täler durchzogen und von dornigen Büschen überwachsen und damit äußerst unwegsam und unübersichtlich. An der Westfront verläuft die Kampflinie an langgestreckten Bergrücken mit zum Teil tief eingeschnittenen Tälern. Abgesehen von der Straße von Komotini gibt es nur Saumpfade und Karrenwege als Verbindungswege.

Mit dem Ausbau der Westfront war schon 1939 begonnen worden. Es handelte sich um eine große Zahl von stellungsmäßigen MG-Einscharten- oder Mehrscharten-Anlagen. In der Nähe der Straße von Komotini waren die Festungsanlagen linear aufgebaut und konnten die Straße unter schräges Feuer nehmen. Das Gelände links und rechts der Straße und der Bahnlinie war durch Kampfwagensperren und Stacheldrahtverhaue gesichert. Weiter entfernt davon waren die Kampfanlagen auf den Höhen der Westfront stützpunktartig zusammengefasst und ermöglichten eine Rundumverteidigung, sofern reguläre Truppenteile sich beteiligten.

Die Westfront wies allerdings auch Lücken auf. Es ist anzunehmen, dass diese sicher geschlossen worden wären, aber der Krieg brach zu früh aus. Ähnliches galt für die Nordfront. Wenn die Ostfront nicht ausgebaut worden war, so lag das daran, dass man das freundschaftliche Verhältnis zur Türkei nicht stören wollte. Zuständig für die Verteidigung des ganzen Gebietes war die sog. Evros-Brigade. Da diese ein riesiges Gebiet zu verteidigen hatte, war es wenig erstaunlich, dass die deutsche 50. Infanterie-Division schon am 7. April nach der Niederringung des Sperrwerkes von Nimfaia eine Radfahrerschwadron nach Alexandroupolis vortreiben konnte, die praktisch auf keinen Widerstand stieß und Alexandroupolis kampflos erreichte.

BAUWEISE - BESATZUNG - BEWAFFNUNG - KOMMUNIKATION

Allgemeine Grundsätze für den Bau von Sperranlagen[1]

Wer den deutschen Westwall und die französische Maginot-Linie kennt und diese bis ins Detail ausgebaute Bunkeranlagen mit den griechischen vergleicht, sieht unschwer, dass die letzteren sich um Welten von den beiden anderen unterscheiden. Der Grund für diese Unterschiede war primär, dass sie die in Westeuropa hochtechnisierten und hochgerüsteten Armeen als Gegner hatten. Sekundär spielte auch die finanzielle Lage eine wichtige Rolle; Frankreich und Deutschland waren im Vergleich mit Griechenland extrem reich und konnten sich raffinierte teure Bunkerbauten leisten. Als tertiärer Faktor kam hinzu, dass die westeuropäischen Staaten eine eigene Rüstungsindustrie hatten. Griechenland hatte damals nicht eine Fabrik, die Waffen oder anderes militärisches Gerät herstellte. Die Griechen mussten Waffen und militärisches Gerät importieren.

Der Gegner Griechenlands war zu jener Zeit Bulgarien. Dessen Streitkräfte waren nicht besser ausgerüstet als die griechischen. Es war ein gleichwertiger Gegner. Hinzu kam, dass die Grenze topographisch so gestaltet war, dass sie verteidigbar war, wenn nicht ausrüstungsmäßig weit überlegene Truppen zum Angriff antraten. Da die bulgarische Armee der griechischen keinesfalls überlegen war, konnten die Befestigungsanlagen so gestaltet werden, dass sie den zu erwartenden Angriffsmitteln widerstehen konnten.

Hinzu kam, dass es die primäre Aufgabe der Sperranlagen war, die griechische Mobilmachung und den Aufmarsch zu sichern. Daraus ergaben sich grundlegende taktische Überlegungen für den Bau der Befestigungen.

Für den Waffeneinsatz bedeutete dies, dass das Feuer, das von den Sperranlagen ausging, einerseits planmäßig geschützt werden musste, aber andererseits optimale Wirkung bei der Abwehr von Angriffen erzielen musste. Daher mussten die Sperranlagen an taktisch klugen Stellen errichtet werden, wo sie die höchste Waffenwirkung erreichen konnten. Ein Feuerplan musste für jede Anlage erstellt werden, damit die beweglichen und die wenigen festeingebauten Waffen in der richtigen Schussrichtung feuerten und so den entscheidenden Bereich mit ihrem Feuer abdecken konnten. Eine systematische Rundumverteidigung war zwar erwünscht, konnte aber nur in den wenigsten Fällen erreicht werden. Eine Verteidigung der Bunkeroberfläche durch geeignet positionierte Waffen wurde nicht verlangt.

Da die Anlagen zumeist in gebirgigem und oft unübersichtlichem Gelände errichtet wurden, war es klar, dass es Flächen gab, über die potentielle Angreifer fast ungefährdet vorrücken konnten, da das Feuer der Maschinengewehre sie nicht erreichen konnte. Dafür wäre Steilfeuer notwendig gewesen, aber aufgrund der finanziellen Beschränktheit des Staates, konnten spezielle Waffen, wie z.B. Maschinengranatwerfer und Steilfeuer-Artillerie, nicht beschafft werden. Man musste sich auf Gewehrgranaten und leichte Granatwerfer beschränken.

In vielen Werken wurde diese Schwäche durch den Einsatz von Infanteristen ausgeglichen. Sie verfügten über lokale betonierte Unterstände und hatten vorbereitete Schützengräben, von denen sie aus die von der Sperranlagen uneinsehbaren und unerreichbaren Stellen unter Feuer nehmen konnten. Ihr ungebundenes Feuer ergänzte das Feuer der festungsmäßigen Kampfstände und ersparte die Errichtung weiterer Kampfstände. Außerdem konnten von diesen Stellungen Gegenstöße ausgeführt werden. Die Zerstörung von Scharten der Sperranlagen durch direkten Beschuss wurde erkannt, aber mangels Artillerie nicht realisiert. Die Stillegung von Maschi-

1 *Ibidem*, pp. 38-40.

nengewehren durch Schartenverstopfung durch nahe Granateneinschläge oder Stoßtrupps wurde erkannt und sollte durch die Aussendung einiger Männer beseitigt werden.

Für die Erzielung höchster Waffenwirkung wurden Beobachtungsstände in die Anlagen eingebaut. Da die Nachrichtenübermittlung innerhalb der Anlagen eingeschränkt war, gab es fast an jedem Maschinengewehrstand einen Beobachtungsstand, was damals äußerst ungewöhnlich war, z.B. im Vergleich zur Maginot-Linie. Der Ausbau der Nachrichtenmittel blieb weit hinter der Planung zurück. Alarmvorrichtungen gab es nicht. Entsprechend langsam war die Erreichung der Feuerbereitschaft. Panzerungen gab es praktisch nicht, weil ihre Anschaffung wegen finanzieller Schwierigkeiten scheiterte. Ähnlich unterentwickelt waren die Verbindungen innerhalb der Werke. In den Werken selbst waren die meisten Kampfanlagen durch Hohlgänge verbunden, so z.B. durch drei Hohlgänge im Werk Usita. Normal waren Verbindungen in der Form von Lauf- und Schützengräben.

Um infanteristische und Kampfwagen-Angriffe zu verhindern oder zumindest zu behindern, waren gegen erstere die meisten Bunkeranlagen mit Stacheldrahtverhauen umgeben. Diese Hindernisse waren oft schematisch, gradlinig ausgelegt und kaum dem Gelände angepasst. Panzer-Hindernisse waren nur dort vorhanden, wo sie wirklich Sinn machten. Normalerweise waren es Hindernisse aus den übliche "Drachenzähnen". An wenigen geeigneten Stellen gab es sogar Wassergräben als Panzerhindernisse.

Festungsmäßiger Ausbau[1]

Ausbaustärken

Anfangs wurden die Ausbaustärken den lokalen Werkoffizieren überlassen. Erst 1938 wurden die anzuwendenden Stärken durch die Festungsdirektion in Thessaloniki geregelt. In Übereinstimmung mit den von den bulgarischen Angreifern vermutlich angewandten Kalibern der Angriffswaffen legte man drei Ausbaustärken für Dauerbeschuss fest. Ausbaustärke Φ gegen Kaliber bis 10,5 cm; Ausbaustärke X gegen Kaliber bis 15,5 cm oder Bomben bis 100 kg; Ausbaustärke Ψ gegen Kaliber bis 22 cm oder Bomben bis 300 kg. Für oberirdische Anlagen ergaben sich daher für die folgenden drei Ausbaustärken folgende Maße:[2]

Bauteil	Ausbaustärken		
	Φ	X	Ψ
Fundamentplatte	0,50 m	0,80 m	1,00 m
Senkrechte Wände	0,95 m	1,25 m	1,50 m
Decke	0,70 m	1,10 m	1,40 m

War eine Anlage oder eine Seite von ihr völlig vor Artilleriebeschuss sicher, verringerte man die Stärke der betreffenden Wände auf nächst niedrige Ausbaustärke, aber nicht unter die Ausbaustärke Φ. Für Hohlgänge und unterirdische Räume wurde grundsätzlich die höchste Ausbaustärke zusätzlich eines Sicherheitsschutzes gefordert, außer es war eine ausreichende natürlich Überdeckung vorhanden. War jedoch eine solche vorhanden, so wurden die Hohlräume nach folgenden bautechnischen Vorgaben gebaut.[3]

1 *Ibidem*, pp. 41-70
2 *Ibidem*, p. 41
3 *Ibidem*, p. 41.

Bodenart	Überdeckungshöhe	Sicherheitsschutz	zusammen
Gewöhnliche Erdarten	14,50 m	3,00 m	17,50 m
Gemischte Erdarten, Sand und verwitterter Stein	9,45 m	2,00 m	11,45 m
Halbfelsige Bodenarten	8,10 m	1,70 m	9,80 m
Gesunder Fels	5,75 m	1,20 m	6,95 m

In fast allen Sperrwerken gab es fast die selben Einzelanlagen in der Form von Regelbauten. Es gab dieselben Formen sowohl in den Kleinkampfanlagen als auch in den Großanlagen. Wo dies möglich war, wurden die Anlagen in den vorhandenen Fels eingebettet. Es gab sogar Kampfstände, die aus dem Felsen herausgehauen worden waren. Grundsätzlich aber hatten die Abmessungen der Räume die selbe Größe, ebenso die Scharten und die vorbereiteten Schießgestelle. Auch wenn mehrere unterschiedliche Waffen in einer Einheit vereint waren, versuchte man, die Anlage dennoch so klein wie möglich zu halten.

Im Folgenden sollen die wesenlichen Elemente der Anlagen einzeln abgebildet und beschrieben werden. Wir beginnen mit den Beobachtungsständen.

Die Beobachtungsscharte zum Gegner hin ermöglichte einen Sichtwinkel von 180 Grad. Der Beobachtungsstand konnte mit Pistolenschüssen verteidigt werden. Bei fast jedem Maschinengewehr-Bunker befand sich ein solcher Beobachtungsstand. Die Absicherung gegen bodennahe Annäherung (Unterschießungsschutz) wurde durch eine ziemliche Bodennähe der Scharte gewährleistet. Sehrohre, wie sie in der Maginot-Linie und dem Westwall zum Einsatz kamen, waren in der Metaxas-Linie unbekannt.

Die Maschinengewehrstände waren die am häufigsten vorkommenden Regelbauten. Ihre Grundform war im Prinzip stets dieselbe, wenn auch die Ausbaustärken als Einzelanlage unterschiedlich waren. Waren sie reine Kampfanlagen innerhalb größerer Werke, waren sie zumeist mit Hohlgängen verbunden. Es gab Maschinengewehrstände für mehrere Waffenarten.

Viele Anlagen hatten zwei Stände für leichte Granatwerfer. Dies waren vor allem Gewehrgranatwerfer, Es gab aber auch leichte Granatwerfer. Andere Stände waren für zwei schwere Granatwerfer (8,1 cm) gebaut worden, und zwar mit und ohne Panzerteil. Anlagen mit einem schweren Granatwerfer hatte parallel einen MG-Stand.

Manche dieser Stände hatten auch Pak-Geschütze mit 3,7 oder 5 cm mit gusseisernen Scharteneinsätzen. Manche waren ans Hohlgangsystem angeschlossen, andere waren nur durch Gräben zu erreichen. Die Eingänge waren zumeist geschickt getarnt.

Ferner gab es Stände für 2 cm Flak mit Stahlblechkuppel. Diese 8 mm starke Kuppel lief mit Rollen auf Schienen und hatte einen verschließbaren Ausschnitt. Die Kuppel hatte so wenig Gewicht, dass sie durch den Luftdruck einer in der Nähe einschlagenden Granate oder Bombe weggeschleudert wurde.

Zwar gab es anfangs telefonische Verbindungen, die aber bei den Kämpfen bald ausfielen. Da es kaum Funkanlagen gab, ermöglichten Blinkstände die Kommunikation. Für Kämpfe in der Dunkelheit dienten Scheinwerferstände.

Die folgenden Fotos sollen die wesentliche Bauten zeigen. Auf die Wiedergabe von Blinkständen und Scheinwerferständen wird verzichtet.

Beobachtungsstand

Abb. 13 Beobachtungsstand
Aus Denkschrift Bild 30a

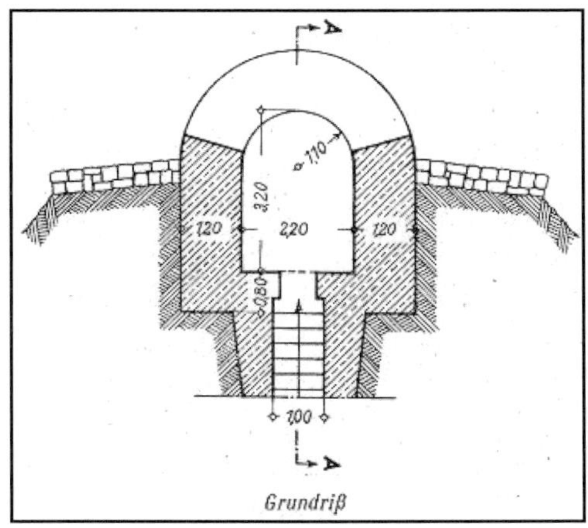

Beobachtungsstand
Aus Denkschrift Bild 30b

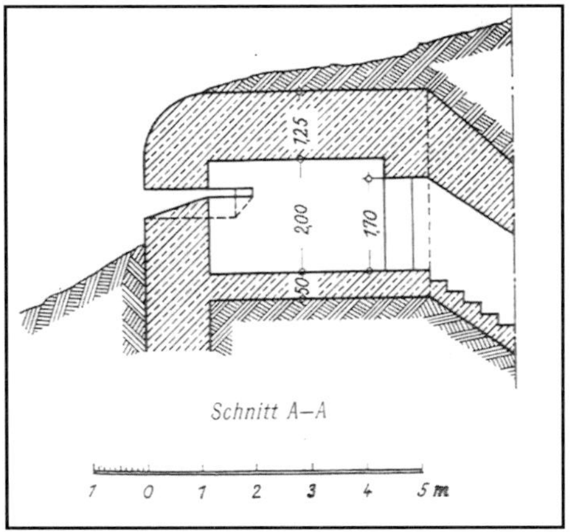

Beobachtungsstand
Aus Denkschrift Bild 30b

MASCHINENGEWEHRSTAND

Abb. 14 Maschinengewehrstand
Aus Denkschrift Bild 31b

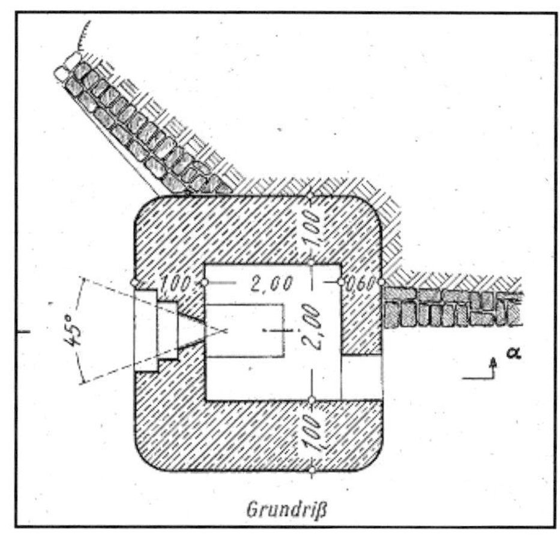

Maschinengewehrstand
Aus Denkschrift Bild 31a

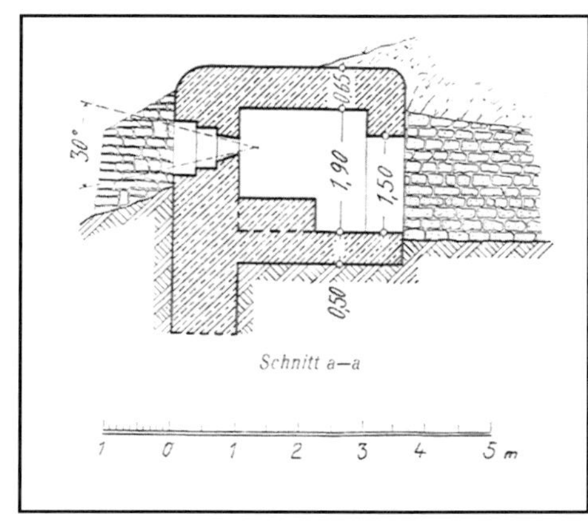

Maschinengewehrstand
Aus Denkschrift Bild 31a

MASCHINENGEWEHRSTAND FÜR 2 M.G.

Abb. 15 Maschinengewehrstand für 2 M.G.
Aus Denkschrift Bild 32b

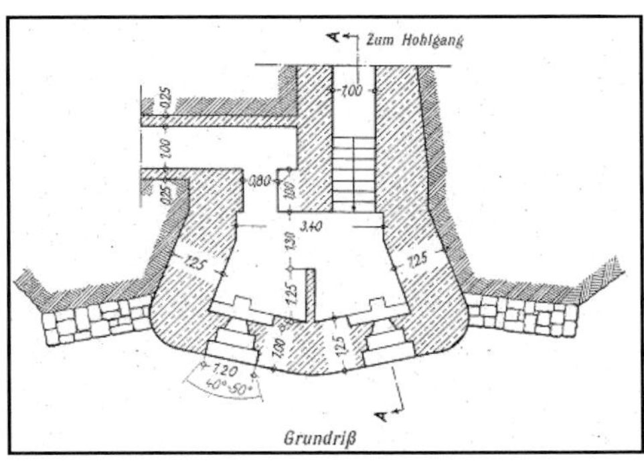

Maschinengewehrstand für 2 M.G.
Aus Denkschrift Bild 32a

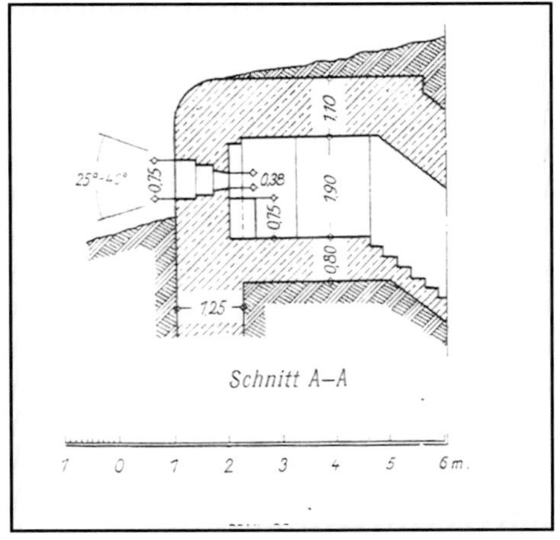

Maschinengewehrstand für 2 M.G.
Denkschrift Bild 32a

GRANATWERFERSTÄNDE

Abb. 16 Stand für 2 Gewehrgranatwerfer
Aus Denkschrift Bild 33b

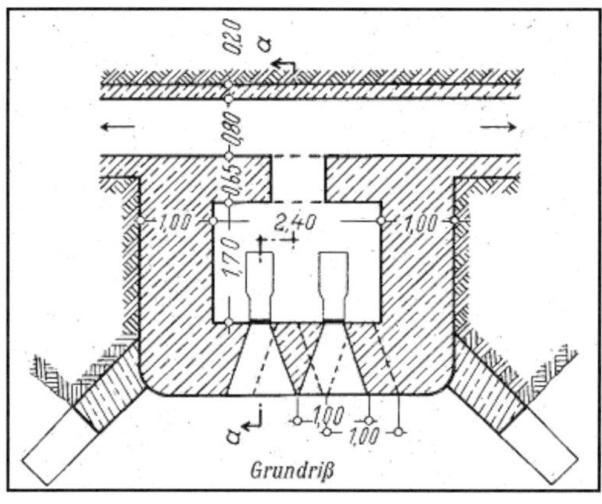

Stand für 2 leichte Granatwerfer
Aus Denkschrift Bild 33a

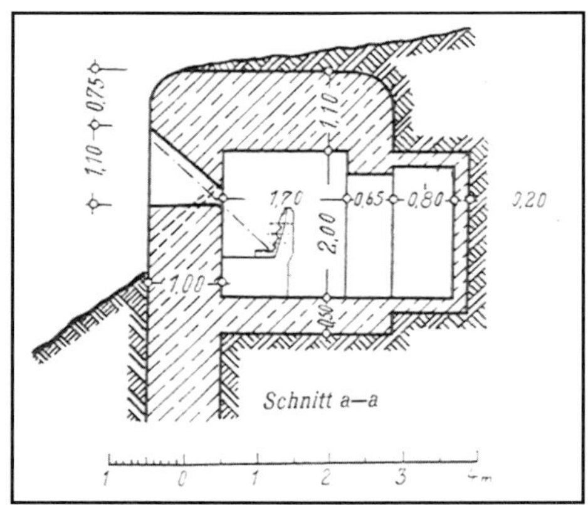

Stand für 2 leichte Granatwerfer
Aus Denkschrift Bild 33a

STÄNDE FÜR SCHWERE GRANATWERFER

Abb. 17 Stand für schweren Granatwerfer ohne Panzer
Aus Denkschrift Bild 34

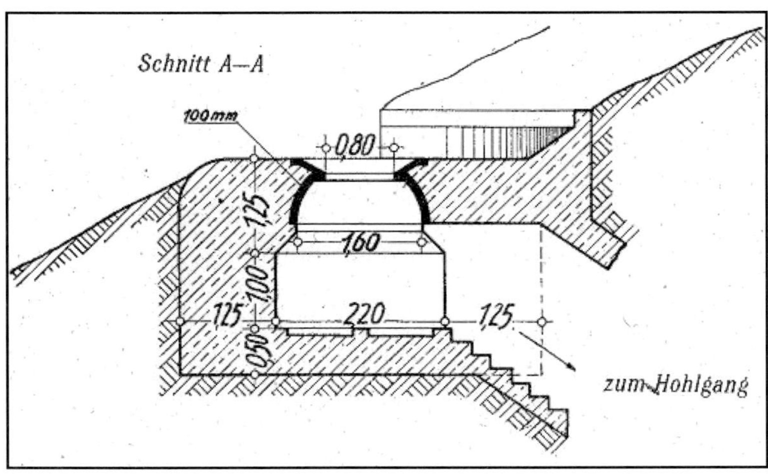

Stand für 1 schweren Granatwerfer 8,1 cm
Aus Denkschrift Bild 34a

STAND FÜR SCHWEREN GRANATWERFER UND FLAK

Abb. 18 Stand für 2cm Flak mit Drehkuppel
Aus Denkschrift Bild 39a

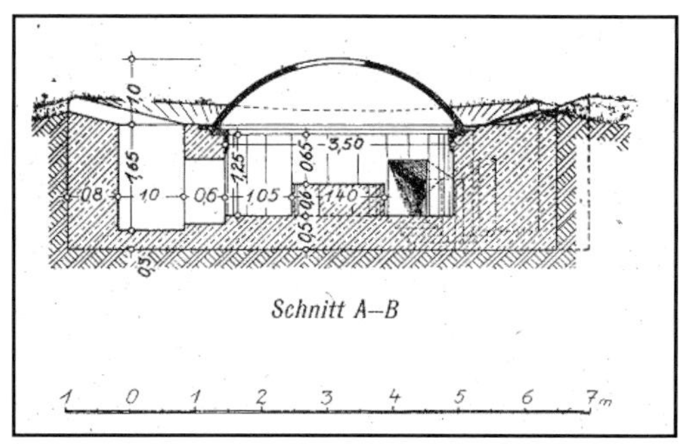

Stand für 2cm Flak mit Drehkuppel
Aus Denkschrift Bild 39b

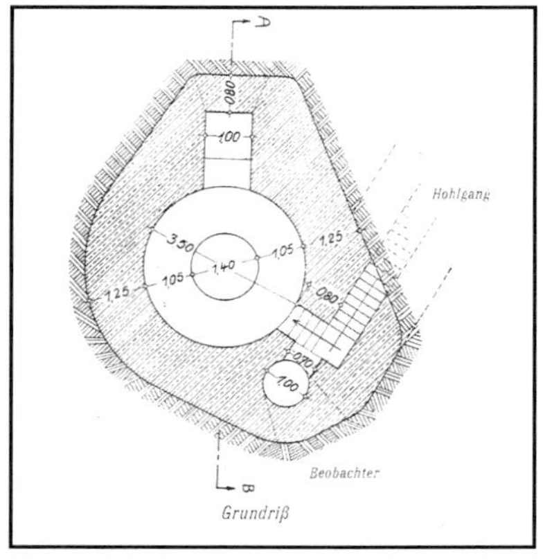

Stand für 2cm Flak mit Drehkuppel
Aus Denkschrift Bild 39b

EXZEPTIONELLER STAND IN ISTIMBEI

Abb. 19 Istimbei: Stand für 1 Pak, 2 Beobachter und 2 Maschinengewehre
Aus Denkschrift Bild 37b

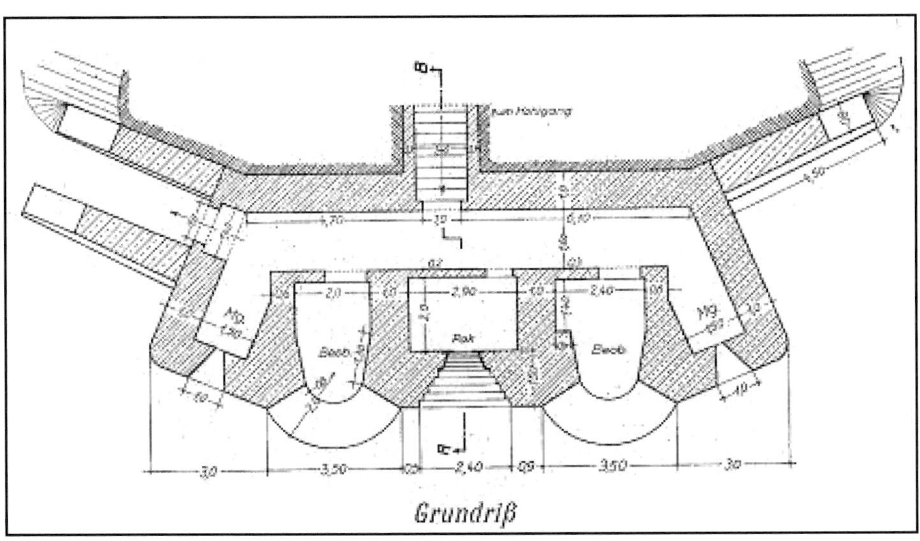

Istimbei; Stand für 1 Pak, 2 Beobachter und 2 Maschinengewehre
Aus Denkschrift Bild 37a

Diese komplexe Struktur existierte nur in Istimbei; sie war vom Hauptwerk weit abgesetzt und hatte eigene Hohlräume. Die Größe dieser Anlage verstieß gegen alle Prinzipien der anderen Bauten.

STAND FÜR FLAK, MG UND BEOBACHTER

Abb. 20 Stand für Flak, 2 M.G., Beobachter und Blinkeinrichtung
Aus Denkschrift Bild 40b

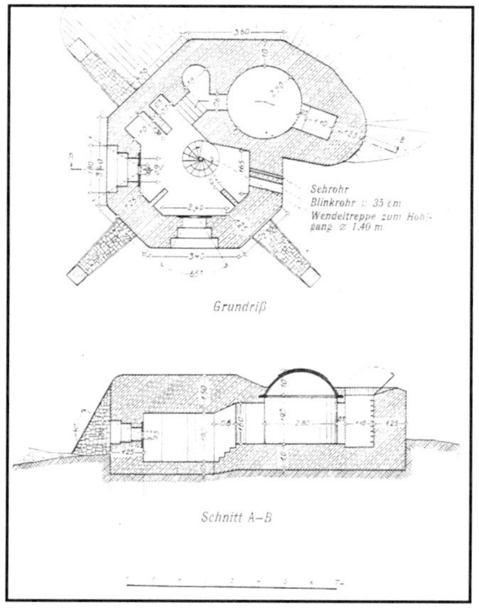

Stand für Flak, 2 M.G., Beobachter und Blinkeinrichtung
Aus Denkschrift Bild 40a

Die Truppen in der Metaxas-Linie[1]

Nach Plan waren in Zentral- und Ostmakedonien einschließlich der Festungstruppen und der Reserve von Saloniki rd. 150.000 Mann vorgesehen. Da die griechischen Truppen aber genau genommen Gebirgstruppen waren, die anstelle von motorisierten Fahrzeugen Tragetiere und Karren benutzten, betrug die Zahl der eigentlichen Kampftruppen 95.000.

Diese Zahl verringerte sich nochmals, als der Krieg mit Italien ausbrach. Griechenland musste alle verfügbaren Truppen an die Front in Albanien werfen. Dadurch sank die Zahl der in Mittel- und Ostmakedonien stationierten Truppen inklusiv der Festungstruppen auf 49.000 Mann; ihre Gefechtsstärke betrug 32.000 Mann. Aber nicht nur zahlenmäßig sank die Kampfkraft, denn viele der neuen Einheiten waren Neuaufstellungen. Fast die gesamte in den Festungen enthaltene moderne Artillerie wurde herausgezogen und nach Albanien geschafft, zurück blieb älteres oder sogar veraltetes Material. Dies erklärt, warum es in den Sperrwerken kaum Kanonen gab, und die wenigen vorhandenen zumeist ältere Modelle waren. Die an die Front in Albanien versetzten Einheiten wurden durch Neuaufstellungen ersetzt.

Die planmäßige Stärke der Festungstruppen hatte im Frieden 8.600 Mann betragen, von denen allerdings nur 50 bis 60 Prozent Dienst taten. Aus Sicherheitsgründen bestanden diese hauptsächlich aus "Altgriechen", d.h. sie stammten aus den südlichen Landesteilen. Im Gegensatz dazu bestand der Grenzschutz aus Griechen aus ganz Griechenland. Er war in Regimentern zusammengefasst, die je zwei Bataillone von jeweils zwei bis drei Kompanien hatten. Jedes dieser Regimenter verfügte über 4 MGs, aber über nicht ein Geschütz.

Bewaffnung[2]

Da es damals in Griechenland keine Rüstungsindustrie gab, war Griechenland gezwungen, sämtliche Waffen aus dem Ausland zu beziehen. Da die griechischen Finanzen größere Einkäufe nicht erlaubten, musste Griechenland zum Mittel der Teilbeschaffung greifen, was dazu führte, dass die Waffen der griechischen Armee aus acht verschiedenen Ländern stammte. Die Folge war eine nicht einheitliche, teils veraltete Bewaffnung mit all ihren Kampfkraft beeinträchtigenden Erscheinungen.

Bei Kriegsanfang hatte die griechische Infanterie 21 Modelle von Karabinern, Maschinenpistolen und MGs und in der Artillerie gab es neun verschiedene Modelle. Nur die schweren Infanterie-Waffen und die schwere Artillerie waren einheitlich und konnten als modern bezeichnet werden. Motorisiert waren nur die schwere Artillerie und Teile der Flak.

Als man begann, befestigte Stellungen an der bulgarischen Grenze zu errichten, wurde es klar, dass man einheitliche festungsspezifische Waffen und Panzer für die Verteidigungsanlagen benötigte. Die üblichen Anfragen im Ausland ergaben, dass nur Deutschland bereit war, Waffen im Warenaustausch zu liefern. Die übrigen Staaten, wie Frankreich, lehnten Lieferungen entweder radikal ab oder verlangten Zahlungen in Gold, wozu Griechenland nicht in der Lage war. Die deutschen Rüstungsfirmen bestanden auf langen Lieferfristen, was die Verhandlungen scheitern ließ. Damit musste die griechische Verteidigungslinie ohne eine Verstärkung der schweren Artillerie auskommen. Der Erwerb von festungsspezifischen Waffen und Geräten war damit ausgeschlossen.

Die deutsche Denkschrift enthält auf zwei Seiten eine ausführliche Liste über die multinationale Bewaffnung der griechischen Truppen in der Metaxas-Linie. Festungsspezifische Waffen und Geräte unter Panzerschutz fehlten gänzlich. Nur der schwere Granatwerfer der Feldtruppe war durch eine leichte Panzerung geschützt. Die festungsmäßig ausgebauten Werke verfügten

1 *Ibidem*, p. 31f.
2 *Ibidem*, pp. 33-35.

in allen Kampfanlagen nur über Waffen, die bei der Truppe üblich waren, dies galt vom MG bis zur Flak. Sogar die Lafetten wurden weiter verwendet.

Kampftaktik[1]

Die 6. Geb. Division erbeutete einen Befehl der 18. Griechischen Division über die Kampfführung in den Sperranlagen. Danach war das Feuer das beste Abwehrmittel, wenn es planmäßig durchgeführt wurde und auf der Grundlage von zuvor festgelegten Plänen. Der auf dieser Grundlage aufgestellte Feuerplan gewährleistete die höchste Abwehrfeuerkraft. Den offen eingesetzten Kämpfern wurde besondere Bedeutung zugemessen. Ihre Kampftätigkeit müsste elastisch, an genau erkundeten Stellen, erfolgen. Ihre Aufgabe war es, die Räume unter Feuer zu nehmen, die von Kampfständen nicht erreicht werden konnten und letztere durch Feuer zu beschützen und Angriffe des Gegners auf Kampfstände zu verhindern. Der Gegenangriff müsste möglichst früh einsetzen und gründlich vorbereitet sein. Vorstöße, die den Gegner überraschten, seien besonders wichtig. Aufgrund des gebirgigen Geländes ließen sich solche Gegenstöße mit Aussicht auf Erfolg durchführen. Sie müssten im Zusammenspiel mit den benachbarten Werken durchgeführt werden,

Die Zerstörung der Scharten durch Artillerie oder Pak sei die größte Gefahr. Um diese zu verhindern, sei es notwendig, die vom Gegner benutzten Waffen rechtzeitig zu zerstören. Dazu sei es notwendig, die im Zwischengelände eingesetzten Waffen entsprechend vorzubereiten. Falls ein Werk nicht zu halten war, müsste der Kampf im offenen Gelände fortgeführt werden. Der Kampfstand sei das beste und stärkste Verteidigungsmittel, wenn er über eine geeignete Bewaffnung und eine mutige Besatzung verfügte, die zum Widerstand bis zum äußersten bereit sei. Der Verteidiger sei dem Angreifer überlegen: *"Wenn alle Kommandanten die Verteidigung durch Abwehrfeuer und Bewegungskampf genau studieren und vorbereiten, nur dann erfüllen sie nicht nur ihre Aufgabe, sondern es wird auch der Kampf gewonnen."*

Kommunikation[2]

1938 hatten Offiziere der Festungsdirektion Saloniki das französische Festungsnachrichtenwesen vor Ort studiert. Eigentlich hätte man gerne das französische Modell kopiert, aber es gab Schwierigkeiten bei der Beschaffung der Geräte und Materialien aus dem Ausland. Daher war die einzige Lösung, das Festungskommunikationsnetz in das öffentliche Telefonnetz einzubinden. Schon in Friedenszeiten wurden die Festungsanlagen in das öffentliche Netz eingebunden, was natürlich erheblich weniger Kosten bedeutete.

Mit Erdkabeln waren in erster Linie die Werke und Werkgruppen der festungsmäßig ausgebauten Front verbunden. Benachbarte und zu einer taktischen Einheit gehörende Werke waren durch Erdkabel quer verbunden. Innerhalb der Befestigungen waren außerdem Fernsprechanschlüsse bis zu den Zugführern und zu jedem Kampfstand vorbereitet.

Nach Vorschrift sollten die vielfach nicht getarnten Kabelgräben eine Tiefe von 2 m haben, aber in den Bergen mit ihrem felsigen Untergrund war diese Tiefe oft nicht erreichbar. Eigentlich sollten die Kabel auf der Hinterhangseite verlegt werden, was jedoch nicht immer geschah. Manche Kabel verliefen in Gräben entlang der feueranziehenden Seite.

Um die Kabel zu verbinden, gab es brunnenartige Vertiefungen, die mit einem eisernen Deckel verschlossen waren und eine Tiefe von 1,8 m hatten. Die verlegten Kabel waren geringpaarig deutsche Produkte mit meistens 2 oder 3 Doppeladern. Weiter hinten gingen die Erdkabel nach etwa 5.000 bis 2.000 m in Freileitungen über, und diese wurden an wichtigen Stellen ins

---

1 *Ibidem*, p. 36f.
2 *Ibidem*, pp. 79-81.

öffentliche Fernsprechnetz übernommen. Dieses war in Frontnähe getarnt verlegt worden. Die folgende Karte erläutert das Verkabelungssytem an der Struma-Enge. Der Name des Grenzabschnittortes lautet Sidirokastro.

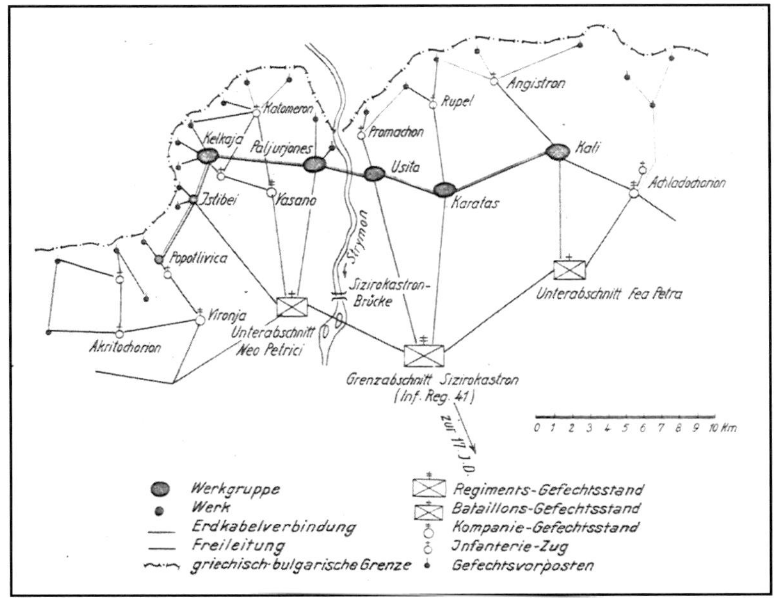

Karte 14 Schematische Leitungsskizze der Fernsprechverbindungen an der Struma-Enge
Aus Denkschrift Bild 57

Für die Übermittlung von Befehlen zwischen den Werkgruppen und Werken gab es Querverbindungen, die sich aber 1941 zumeist noch im Bau befanden. Viele dieser Querverbindungen waren daher Freileitungen und störanfällig. Die rückwärtigen Verbindungen bis zu den Unterabschnitten und nach Sidirokastro waren Freileitungen, genauso wie die Verbindungen nach vorwärts zu den Infanterie-Zügen, Gefechtsvorposten, Grenzposten und vorgeschobenen Beobachtern. Als der Krieg ausbrach, wurden viele dieser Leitungen zerstört und es machte sich der Mangel an Funkgeräten bemerkbar. Aber auch Erdkabel wurden durch Stuka-Bomben zerstört. Das Fehlen von drahtlosen Geräten machte sich immer stärker bemerkbar, denn nicht nur Freileitungen wurden zerstört, sondern auch Erdkabel.

Die wenigen Sprechstellen im Innennetz der Werkgruppen und Werke waren wichtig für die Umsetzung der Beobachtungsergebnisse für den Waffeneinsatz. Für den internen Verkehr hingegen blieben nur wenige Anschlüsse zur Verfügung. Während im verkabelten Außennetz der Ausbau der Querverbindungen bei Kriegsausbruch fast abgeschlossen war, fehlt eine festungsmäßige Geräteausstattung im Inneren fast völlig. Nur wo Hohlgänge existierten, konnten Kabel verlegt werden. Festungsvermittlungen und Festungsfernsprecher gab es nicht. Die Vermittlungen wurden improvisiert. Kleine Seitenräume in der Hohlgängen wurden dazu benützt.

In allen Werkgruppen, mit Ausnahme von Paliouriones, gab es eine Funkstelle. Die Blinkgeräte, die in speziellen Bunkern an geeigneten Stellen untergebracht waren, trugen wesentlich zur Kommunikation bei. Insgesamt gab es 9 Funkstellen und 25 Blinkstellen. Beide stellten eine drahtlose Verbindung sowohl zwischen den Werken als auch zu den rückwärtigen Kommandostellen sicher.

Die Werke der Metaxas-Linie

Der festungsmäßig ausgebaute Kern der Metaxas-Linie von der Struma zum Nestos bestand aus Anlagen, die zumeist auf Bergrücken oder Bergkuppen angelegt waren. Es handelte sich um die Werke am Struma-Durchbruch und um die bei Nevrokopi. Diese Anlagen bestanden im wesentlichen aus einzelnen Kampfständen mit Maschinengewehren. Diese Kleinkampfanlagen waren zu taktischen Einheiten vereint, die zur Aufgabe hatten, die größtmögliche Waffenwirkung zu erzielen. Im Gegensatz zur Maginot-Linie, in der möglichst viele Waffentypen in großen geschlossenen Werken (ouvrages) zusammengefasst wurden, waren die Werke der Metaxas-Linie typisch aufgelöste Werke.

Die meisten der so zusammengefassten Kampfanlagen waren an ein ausgedehntes, bombensicheres Hohlgangsystem angeschlossen, das auch der Unterbringung der gesamten Besatzung dienten. sowie an die Lagerräume für Munition und Verpflegung usw. Zur Sicherheit gab es mindestens zwei Eingänge. Auch von Kampfanlagen konnte man über Sonderausgänge ins Freie gelangen. Diese wurden auch beim Einsatz offener Kämpfer verwandt.

Viele Werke der Linie hatten volle Rundumverteidigung. Da ihre einzelnen Werke sich gegenseitig durch Feuer unterstützen konnten, waren sie gegen Sturmangriffe gefeit. Nur eine Oberflächenverteidigung fehlte überall.

In den Schwerpunkten der festungsmäßig ausgebauten Metaxas-Linie sind Werksgruppen vereinigt. Auf der folgenden Seite wird eine Werkgruppe dargestellt. Es handelt sich um die Karte des Werkes Istimbei, die schon im vorigen Kapitel abgebildet wurde. Der Grund für die Wiederholung ist, dass man auf diesem Plan die Bedeutung der Maschinengewehre klar erkennen kann. Im ganzen Fort Istimbei gab es nur drei Geschütze. Das rechts oben auf der Zeichnung eingezeichnete Werk ist wohl das auf Bild 37 der Denkschrift abgebildete große Werk

Die darauf folgenden Karten der Werke Usita und Paliouriones zeigen das selbe Phänomen. Es gab eine große Zahl von Maschinengewehr-Ständen, aber keine Artillerie-Stände. Wenn diese drei wichtigen Werke an der Struma-Enge kaum über Artillerie verfügten, darf angenommen werden, dass dies bei den anderen wichtigen Sperrwerken nicht anders war, von den kleinen Werken ganz zu schweigen.

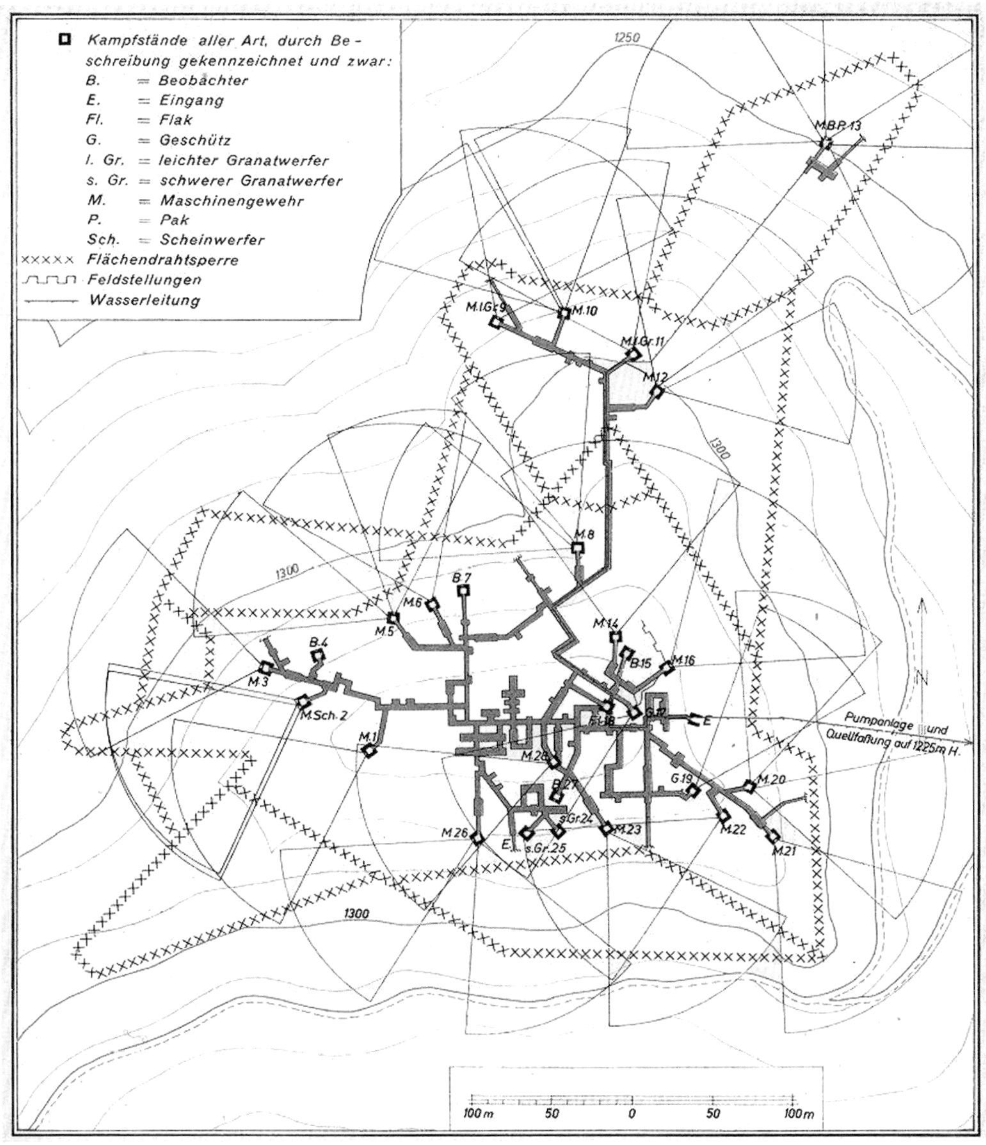

Karte 15 Plan des Werkes Istimbei aus Denkschrift Bild 44

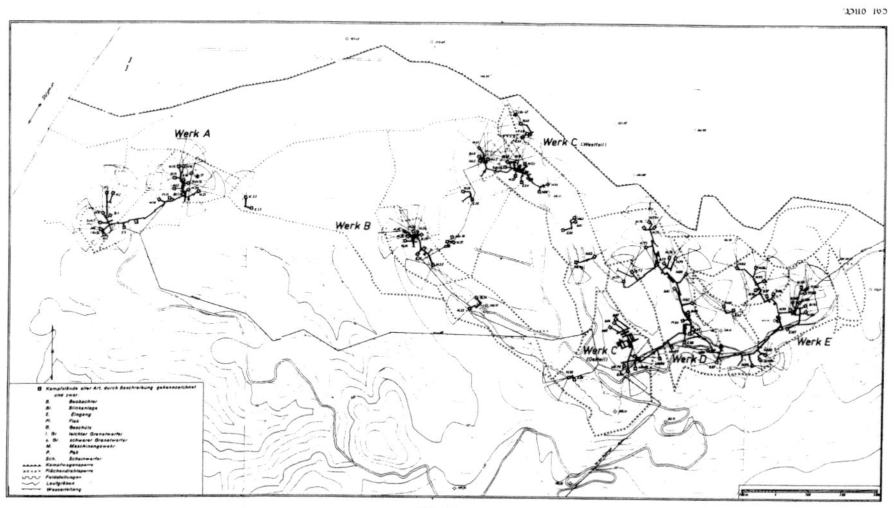

Karte 16 Plan der Werkgruppe Usita
Aus Denkschrift Bild 165

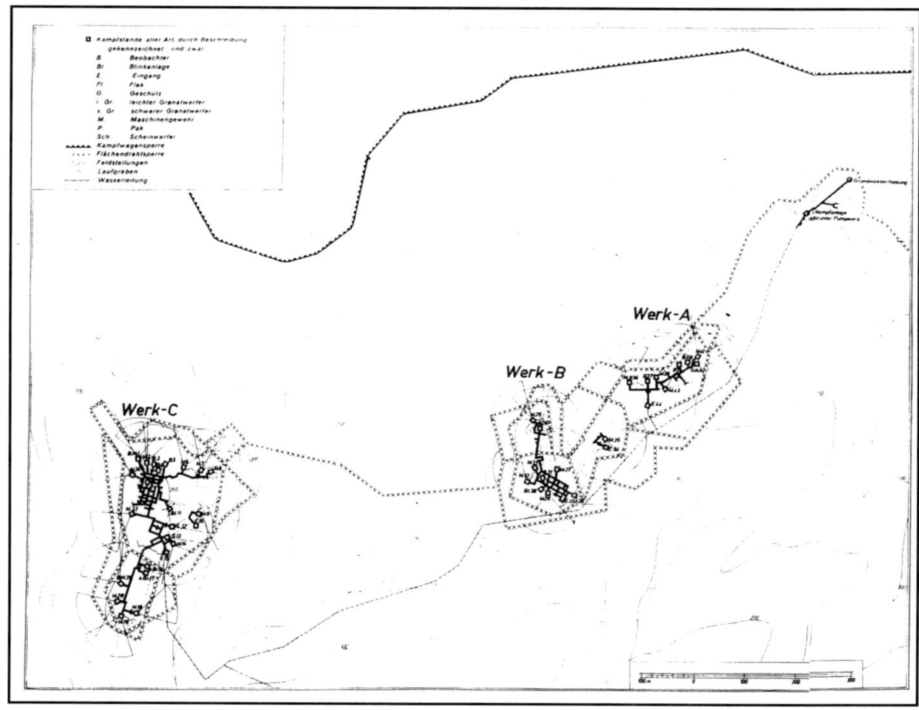

Karte 17 Plan der Werkgruppe Paliourones
Aus Denkschrift Bild 161

Zwischen der Werken und Werkgruppen befanden sich Möglichkeiten für den Einsatz offener Kämpfer. Ihr Feuer ergänzte das Abwehrfeuer der Werke oder beendete den Angriff auf sie. Aus den dafür vorgesehenen Schützengräben konnten auch Gegenangriffe unternommen werden. Die folgende Abbildung zeigt einen in die Festung integrierten Schützengraben.

Abb. 21 Schützengraben in Anlehnung an einen Kampfstand
Aus Denkschrift Bild 45

Stellungsmäßiger Ausbau

Die Nestos-Riegelstellung und die Velasika-Krousia-Stellung sowie die Befestigungen bei Alexandroupolis waren stellungsmäßig ausgebaut. Unter stellungsmäßig versteht man einen Ausbau aller einfachster Bauart, bei dem Steine vermauert werden, aber auch Beton Verwendung findet. Auch in dieser Bauweise ist der einfache Maschinengewehrstand das Hauptbauwerk.

Neben Doppel-MG-Ständen, die hauptsächlich in der Belasika-Krusia-Stellung vorkamen, wurden auch mehrere unterschiedliche Geschützstände gebaut, die vorwiegend zur Flankierung von Kampfwagensperren Verwendung fanden.

Die Skizze auf der nächsten Seite zeigt einen einfachen Maschinengewehrstand aus der Nestos-Riegel-Stellung. Sie zeigt die Verwendung von natürlichem Baumaterial.

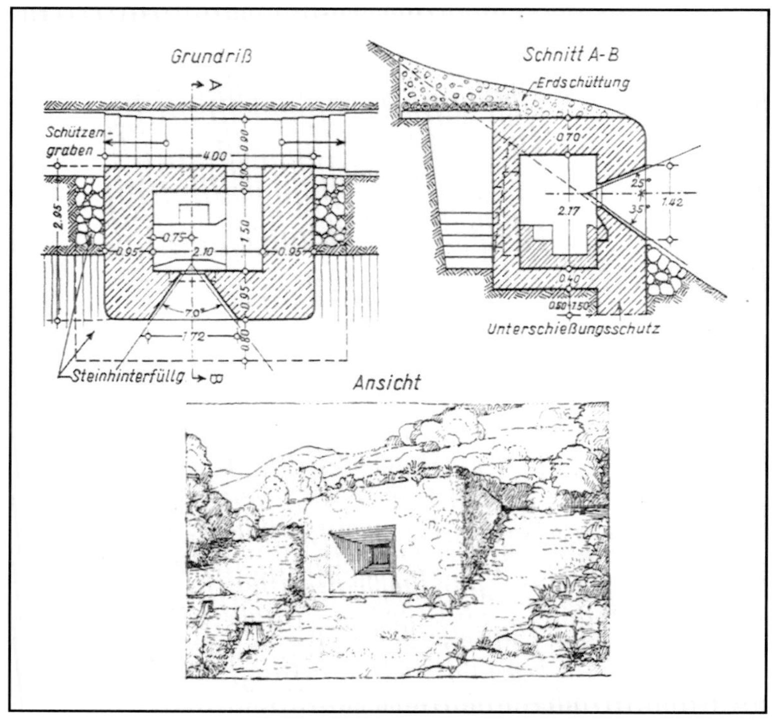

Abb. 22 Einfacher M.G.-Stand in der Nestos-Riegelstellung
Aus Denkschrift Bild 48

Abb. 23 Geschützstand bei Nea Karvali in der Nestos-Riegelstellung
Aus Denkschrift Bild 50a

Feldmäßiger Ausbau[1]

An Stellen der Verteidigungslinie, die operativ wenig bedeutsam waren, allerdings von der Natur nicht so ausgestattet waren, dass sie nicht angegriffen werden konnten, war klar, dass etwas unternommen werden musste. Man begnügte sich dort damit, Anlagen zu errichten, wie sie im Felde üblich waren, wenn kein Grundwasser drohte, wie an der Struma-Niederung oder dem unteren Nestos, oder wenn felsiger Boden das Graben von Stellungen unmöglich machte. Aus dem Fels gesprengte Schützengräben, waren zwar den gegrabenen haushoch überlegen, aber bedeuteten einen hohen Aufwand und große Kosten. Daher wich man im Normalfall an diesen Stellen auf geeignetes Gelände aus und errichtete Mauern aus Natursteinen mit zinnenförmigen Schießscharten, wie z.B. in der Belasika-Stellung oder im Raum von Kavalla. Aber auch in der Struma-Sperre fanden sich solche Anlagen, wie das folgende Foto zeigt.

Abb. 24 Schützengraben mit M.G.-Stand aus Steinen geschichtet (Struma-Sperrgruppe) Aus Denkschrift Bild 52

Derartige Kampfstände bilden das Gerippe der Verteidigungslinien, sie sind überall dort zu finden, wo es keine großen Werke gibt. Ihre Positionierungen im Gelände sind sehr unterschiedlich. Man nützte das Gelände bestmöglich aus und versuchte, die Anlagen optimal zu tarnen. Es gab exzellent positionierte Stellungen und solche, die nach einer Schablone bestimmt wurden. Entsprechend wirkungsvoll war das von ihnen ausgehende Feuer.

Auf den folgenden beiden Seiten folgen Fotos von feldmäßigen Befestigungen in der Struma-Enge.

1 *Ibidem*, pp. 76-78.

Abb. 25 Feldmäßiger Beobachtungsstand
Aus Denkschrift Bild 53

Abb. 26 Feldmäßiger Doppel-M.G.-Stand
Aus Festschrift Bild 51

Abb. 27 Feldmäßiger Geschützstand
Aus Denkschrift Bild 55

Abb. 28 Feldstellung für 12 cm Kanonen
Aus Denkschrift Bild 56

Geheimhaltung des Baus der Metaxas-Linie[1]

Wie aus den Kriegstagebüchern und Erfahrungsberichten der an dem Angriff auf die Metaxas-Linie beteiligten deutschen Soldaten hervorgeht, waren sie völlig überrascht, auf eine derart ausgebaute Festungsanlage zu stoßen. Dies ist umso erstaunlicher, weil die Werke in unmittelbarer Grenznähe errichtet wurden. Allerdings verlief diese Grenze hoch in den Bergen, und von bulgarischer Seite scheint man sich nicht interessiert zu haben,

Auf der griechischen Seite war man an Geheimhaltung interessiert. Das griechische Kriegsministerium erließ in Zusammenarbeit mit den Zivilbehörden scharfe Sicherheitsbestimmungen. Das Gebiet, wo die Linie gebaut werden sollte, wurde in zwei Zonen eingeteilt, in eine verbotene und eine überwachte. Die verbotene Zone hatte eine Ausdehnung von etwa 1 km um die Festungswerke. Sie war durch Tafeln gekennzeichnet und an vielen Stellen durch Stacheldrahtzäune abgesperrt und bewacht.

Die beim Festungsbau beschäftigten Arbeiter waren in dieser Zone untergebracht. Bevor sie angestellt wurden, überprüfte man ihre Zuverlässigkeit aufs strengste. Die Arbeiter musste Bescheinigungen verschiedener ziviler und polizeilicher Dienststellen über ihr Vorleben vorlegen. Die Geheimpolizei der Diktatur überprüfte es ebenfalls. Fiel die Überprüfung positiv aus, erhielten die Arbeiter einen Lichtbildausweis. Ein zeitweises Verlassen dieser Zone wurde nur in begründeten Ausnahmefällen genehmigt. Unter den Arbeitern und Angestellten befanden sich zur Überwachung Geheimpolizisten.

Die Arbeiter duften nur auf einer Baustelle eingesetzt werden. Technische Spezialisten, die in mehreren Werken zugleich arbeiteten, wurde nachts überführt. Entlassene Arbeiter mussten die Region verlassen und die "verbotene" Zone, die sich auf 30 km ausdehnte, nicht mehr betreten. Da die Stadt Serres in dieser Überwachungszone lag, waren die Einwohner gezwungen, ständig ihre Ausweise mit sich zu führen und mussten Einschränkungen ihrer Freizügigkeit hinnehmen.

Die bulgarische Seite unterschätzte ganz offensichtlich die Bautätigkeit. Man hätte durch reine Beobachtung vom Boden aus erkennen können, dass die Griechen mehr bauten als feldmäßige Anlagen. Luftbeobachtung im griechischen Luftraum durch fremde Flugzeuge war damals wie heute nach internationalem Recht verboten, aber Beobachtungen aus der Luft, von jenseits der Grenze, vom bulgarischen Luftraum aus, hätten zweifellos zu der Erkenntnis führen können, dass Ausschachtungsarbeiten in größtem Maßstab vor sich gingen. Die Bauten, die errichtet wurden, waren keinesfalls feldmäßig. Letztlich ist es unerklärbar, warum die Bulgaren nichts über die Bunkerbaumaßnahmen der Griechen wussten. Aber nur so ist es zu erklären, dass die Deutschen beim Angriff auf die Metaxas-Linie völlig überrascht waren, als sie auf abwehrstarke Bunkeranlagen stießen; die Bulgaren konnten sie nicht warnen.

Nur dies erklärt die deutsche Unterschätzung der Sperrgruppe von Nevrokopi, von der auf deutscher Seite bei der 72. Inf. Division angenommen wurde, dass sie ein feldmäßig ausgebautes Gebilde war, bei dem es nur einzelne Bunker gab. Dasselbe galt für die Sperranlagen von Echinos und Nymfaia, deren Abwehrkraft die Deutschen völlig überraschte.

---

1 *Ibidem*, p. 68.

WEITERE MILITÄRTECHNISCHE EINZELHEITEN DER BAUTEN DER METAXAS-LINIE

Eisen und Beton

Wie alle Bunker waren auch die Bunker der Metaxas-Linie aus Beton und Stahl gebaut. Die Denkschrift der Wehrmacht stellte fest, dass die dabei beachteten Vorschriften mit den deutschen Normen übereinstimmten. Nach Möglichkeit wurden die in der Nähe der Baustellen vorkommenden Baustoffe verwendet, so besonders guter Kalk- und Marmorstein. Beim Bau des Werkes Popotlivitsa wurde sogar Hornblendegneis mit bestem Erfolg verwendet.

Da es in den Bergregionen keine natürlichen Sand- oder Kiesvorkommen gab, wurden diese Gesteine entsprechend zurecht gemahlen. Sand hatte hatte eine Korngröße zwischen 0,2 bis 7 mm und Kies von 7 bis 30 mm Korngröße. Der zur Herstellung von Beton verwendete Zement stammte aus griechischer Produktion.

Dort wo Stahl den Beton verstärken musste, wie z.B. bei Bunkerdecken, wurden Rundeisen von 20, 10 und 6 mm Stärke und 12 m Länge verwandt. In MG-Kampfständen wurde gegen das Abbröckeln der Decken im Inneren Maschendrahtgeflecht eingebaut und in Geschützständen auch Stahlträger.

Den Zement und den Baustahl beschaffte die Festungsdirektion und verteilte sie nach Überprüfung an die Festungsbauparks der einzelnen Abschnitte. Holz stand nur in geringen Mengen zur Verfügung, was sich beim feldmäßigen Bau nachteilig auswirkte. Hölzerne Schalungen für den Bau von Kampfanlagen und Hohlbauten waren genug vorhanden und konnten wiederverwendet werden.

Die Eisenbewehrung erreichte nicht die Qualität deutscher Konstruktionen. Sie ähnelte den ehemaligen tschechischen und französischen Ausführungen. Die unterschiedlichen Betonsorten bereiteten auch Schwierigkeiten, insbesondere während der Zeit des Abbindens. Zu starke Sonneneinstrahlung war schädlich, genau wie zu starker Regen. Es mussten Vorkehrungen getroffen werden zur Ableitung von Sickerwasser.

Abb. 29 Hohlgang im Bau
Aus Denkschrheift Bild 178

In schwer zugänglichen Gebirgsgegenden, die aber reich an Naturstein waren, ersetzte man beim Stützmauerwerk, das nicht dem direkten Beschuss ausgesetzt war, den Beton oft durch Naturstein, der hochgemauert wurde. Diese Mauern dienten oft zur Abstützung der Werke in stark ansteigendem Gelände, sie waren aus Bruchstein errichtet und hatten oft keine direkte Verbindung mit dem Werk selbst. Beim Beschuss lockerte sich oft das Mauerwerk, die Flügelmauer stürzte ein und verdeckte oft die Schartenöffnung nebenan.

Im Gegensatz dazu wurden alle Hohlgänge ausschließlich bergmännisch erstellt und entsprechend den gegebenen Erfordernissen ausgekleidet. Die Sohle des Ganges war 0,80 bis 1 m breit und aus Beton. Links und recht war ein Hohlraum zur Wand, der mit einer Steinpackung ausgefüllt war. Dies ermöglichte den Ablauf von Sickerwasser in eine Sammelstelle oder in einen natürlichen Ablauf. Die Decke des Hohlganges war meistens halbkreisförmig. In verstärkten Hohlräumen war sie waagerecht.

Abb. 30 Eingestürzte Flügelmauer eines Kampfstandes
Aus Denkschrift Bild 176

Zu den hoch im Gebirge liegenden Werken verliefen Werkstraßen, die bis zu den Eingangsbauwerken führten. Die meisten Werke hatten zwei Eingänge, die auf der vom Feind abgekehrten Seite des Berges lagen. Es gab Eingänge für Fahrzeuge und Fußgänger und solche für Fußgänger allein. Gelegentlich war der Eingang direkt in den Fels gehauen.

Den Abschluss nach außen bildete eine 15 bis 20 mm starke gasdichte Stahltür, die oft durch einen besonderen Eingangsflur gegen direkten Beschuss gesichert war. Zusätzlich zu den Werkseingängen hatte etwa ein Sechstel aller Kampfanlagen zusätzliche Ausfallpforten in die anschließenden Feldstellungen.

Die Eingänge für Fahrzeuge dienten dazu, dass diese geschützt entladen werden konnten. Entladungseinrichtungen und unterirdische elektrische Bähnchen wie in der Maginot-Linie gab es nicht. Von diesen Eingängen führten Treppenanlagen zu den Hohlgängen. Die Treppen zu den Kampf- und Beobachtungsständen waren enger und steiler. Aus Kampfständen ,besonders den Beobachtungsständen, führten oft eiserne Wendeltreppen zu den Unterkunftsräumen.

Es gab sogar Aufzüge; leichte Handaufzüge transportierten MG-Munition, Schrägaufzüge schwere Artillerie-Munition. Für die letzteren gab es kleine Loren, die auf Schienen mit 40 cm Spurbreite liefen.

Vom Eingangsbauwerk führte ein Hauptverbindungsgang in das Werkinnere. Die Breite dieses Ganges richtete sich nach der Größe und Art des Verkehrs und hatte deshalb unterschiedliche Größen und Höhen bis zu 2 Meter.

Auch lange Hohlgänge waren durch Winkelstellen unterbrochen, die so breit waren, dass Tragbahren passieren konnten. Abschnittsweise gab es für die Innenverteidigung Schießscharten.

Abb. 31 Eingangsbauwerk für Fahrzeuge und Fußgänger
Aus Denkschrift Bilde 179b

Abb. 32 Eingangsbauwerk für Fußgänger mit MG-Verteidigung
Aus Denkschrift Bild 180a

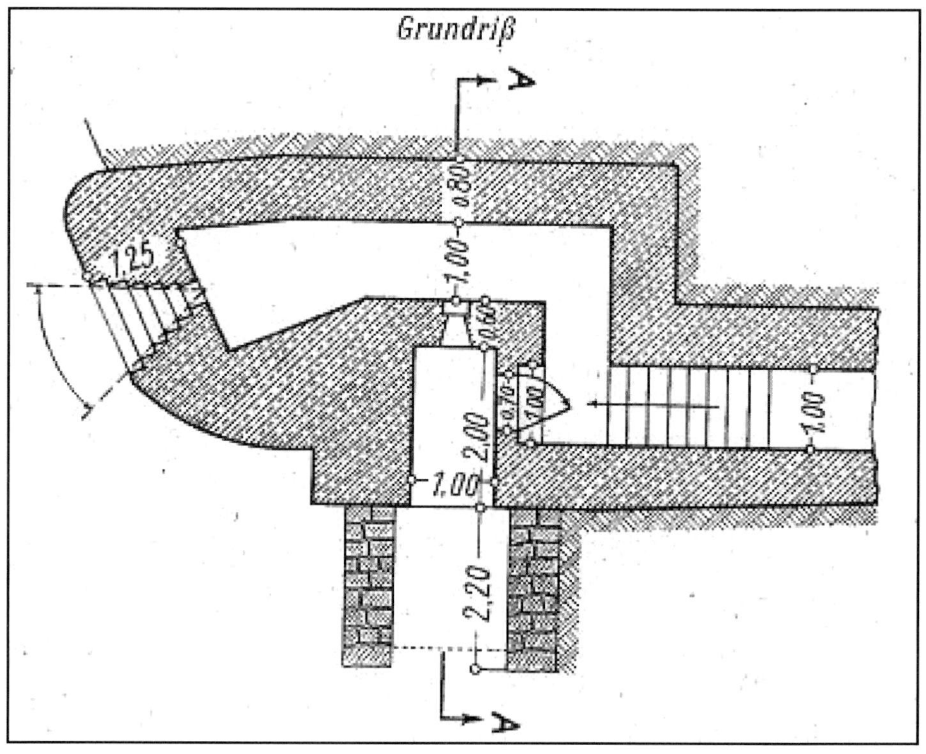

Eingangsbauwerk für Fußgänger mit MG-Verteidigung
Aus Denkschrift Bild 180b

Abb. 33 Mannschaftsunterkunftraum
Aus Denkschrift Bild 184

Seitwärts vom Hauptverbindungsgang reihten sich größere Räume, die für den Kampf, Unterbringung der Besatzung, Stromerzeugung, Wasserversorgung und Lüftung notwendig waren. Die Munitionsräume lagen in der Nähe der Kampfstände. Granatwerfermunition war in Räumen 6 bis 8 m entfernt gelagert, Artillerie-Munition 12 m entfernt in Räumen, die in den Felsen gehauen waren. Zündmittel lagerten in separaten Räumen. Diese Räume besaßen Stahltüren.

Mannschaftsräume waren 2,4 m breit; für jeden Mann waren 2 m^2 vorgesehen; Offizieren standen 6 m^2 zur Verfügung. Entsprechend der Größe der Besatzung hatten die Werke Sanitätsräume, Verbands- und Operationsräume. Diese dürften kaum das Niveau der entsprechenden Räume in den Anlagen der Maginot-Linie gehabt haben. Es gab Lager für Verbandsstoffe und Arzneimittel, Räume für das Sanitätspersonal und die Verwundeten und Kranken.

2 m breite Räume dienten als Küchen, Vorratsräume, Waschräume, Aborte und Werkstätten. Daneben gab es Räume für die Stromerzeugung, Wasserversorgung und Lüftung. Deren Grundlage bildeten deutsche Dieselmotoren. Sie trieben die Stromgeneratoren an, die eigentlich in allen Werken vorgesehen, aber nur in wenigen tatsächlich vorhanden waren.

Die Versorgung der Werke mit frischer Luft war immer ein Problem. Nicht nur bei einem hypothetischen Gasangriff des Gegners musste für frische Luft gesorgt werden. Auch beim Abfeuern der eigenen Waffen entstanden Abgase. Es war daher notwendig, die Kampfanlagen und Hohlgänge zu be- und entlüften, denn der Luftaustausch durch die Schartenöffnungen reichte nicht aus. Daher wurden Entlüftungsschächte gebaut. Sollten die maschinell angetriebenen Belüftungs- und Gasschutzgeräte ausfallen, gab es handbetriebene Geräte deutscher Produktion.

Abb.34 Kopf des Entlüftungschachtes
Aus Denkschrift Bild 194b

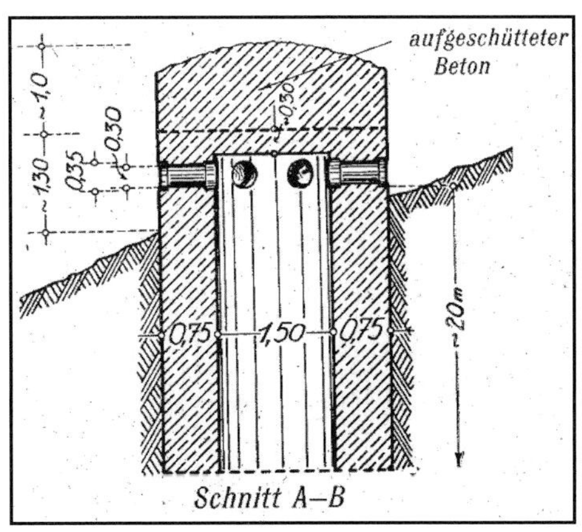

Kopf des Entlüftungschachtes
Aus Denkschrift Bild 194a

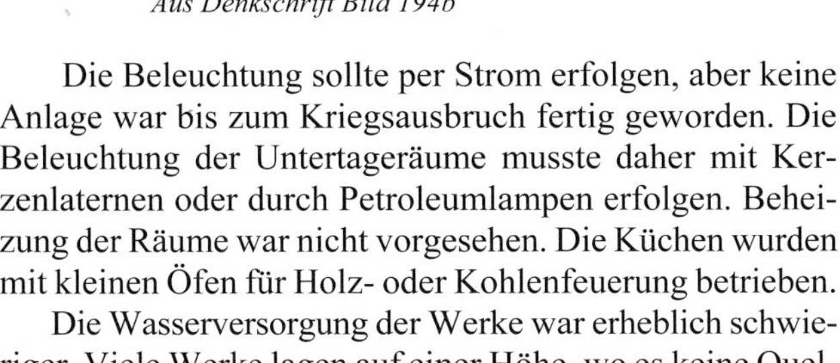

Die Beleuchtung sollte per Strom erfolgen, aber keine Anlage war bis zum Kriegsausbruch fertig geworden. Die Beleuchtung der Untertageräume musste daher mit Kerzenlaternen oder durch Petroleumlampen erfolgen. Beheizung der Räume war nicht vorgesehen. Die Küchen wurden mit kleinen Öfen für Holz- oder Kohlenfeuerung betrieben.

Die Wasserversorgung der Werke war erheblich schwieriger. Viele Werke lagen auf einer Höhe, wo es keine Quellen mehr gab. Das Wasser musste oft aus großer Entfernung über große Höhen herbeigepumpt werden. Um im Falle eines Versagens der Pumpanlagen dennoch Wasser zu haben, gab es Wasserbehälter in Größe von 120 l.. Die Denkschrift enthält Details über die Abwasserversorgung, die beweisen, wie sorgfältig geplant wurde. Es galt vor allem die Untertage-

Abb. 35 Handlüfter in der Werkgruppe Usita Aus Denkschrift Bild 195

räume trocken zu halten und die Abwässer gewissenhaft zu behandeln. Die Toiletten waren in der Nähe der Ausgänge und wurden separat bearbeitet.

Hindernisse und Sperren[1]

Schon bei der Planung des Baus der Sperrlinie wurden natürliche Hindernisse wie unwegsame Gebirgsstöcke, sumpfige Beckenlandschaften oder größere Flüsse mit stark wechselnder Wasserführung eingeplant. Dadurch war es möglich, den Bau künstlicher Sperren einzuschränken oder ganz darauf zu verzichten.

Die Flächendrahtsperren waren im Bereich der Metaxas-Linie kaum im Gebrauch, denn der felsige Untergrund war dazu nicht geeignet. Nur am Doiran-See in der Beles-Krousia-Stellung, wo der Boden weich war und Holzpfähle eingerammt werden konnten, wurden sie angewendet.

Abb. 36 Dreireihiger Flächendrahtsperre am Doiran-See
Aus Denkschrift Bild 198

D

Drahthindernisse waren gegen infanteristische Angriffen gerichtet. Gegen Panzerangriffe gab es je nach Gelände unterschiedliche Methoden. An Straßen, deren flache Hänge von Panzern genutzt werden konnten, wurden die Hänge durch Sprengungen künstlich versteilt. Dabei wurden Höhen von 2 bis 4 m erreicht. Sollte der abgesprengte Boden relativ weich sein, wurde er durch Flechtwerk oder ähnliche Mittel gestützt.

Bei felsigem Untergrund wurde auch von Steinmauern Gebrauch gemacht, die Stellen sperrten, an denen ein Panzer seitwärts hätte ausweichen können. Diese Bruchsteinmauer war 1,5 bis 2 m hoch. Sie konnten von MG und Geschützständen bestrichen werden. In anderen Fällen wurden Gräben in den Fels gesprengt und von Geschützständen unter Feuer gehalten. Für die Überquerung solcher Sperren wurden transportierbare Rollbrücken verwendet. Im Flachland wurden mit Baumaschinen Gräben ausgehoben und der Aushub auf der Seite der Verteidiger als Wall aufgeschüttet. Bei Toxotai wurde ein Damm aus Sand, der aus dem Fluss gewonnen

1 *Denkschrift*, pp. 210-218.

geworden war, aufgeschüttet. Ostwärts von Xanthi wurde sogar ein alter römischer Wall als Panzersperre 3 km lang verwandt.

*Abb. 37 Aus dem Fels gesprengter Panzergraben mit Rollbrücke, durch Geschützstand flankiert
Aus Denkschrift Bild 201*

Abb. 38 Nasser Panzergraben mit Geschützstand an der Straße Kavalla-Xanthi Aus Denkschrift Bild 203

Eisenbeton-Höcker-Sperren (Drachenzähne) fanden viel Verwendung. Die Höcker waren auf durchlaufenden Eisenbetonrosten aufgesetzt. Die Schienen-Sperren bestanden aus 2 bis 3 Reihen einbetonierter 8 bis 10 cm starker Eisenbahnschienen, die in wechselnder Höhe 1,0 bis 1,5 m aus dem Boden ragten und gegen die Feindseite schräggestellt waren.

Abb. 39 Panzersperre mit Panzergraben flankiert durch Geschützstand, Nestos-Riegelstellung Aus Denkschrift Bild 206

Minensperren gab es kaum. Man fand sie in Verbindung mit Straßensperren gegen Panzer und andere Fahrzeuge. Die Minen bestanden aus einem zylindrischen Gußkörper von 15 cm Durchmesser und einer Höhe von 15 cm, in die ein Druckzünder eingeschraubt war. Die Mine wurde in den Straßenkörper versenkt und nur der Druckzünder ragte empor. In Übereinstimmung mit der Straßenbreite wurden 6 bis 8 Stück nebeneinander mit Zwischenräumen von 50 bis 100 cm angeordnet. Minen wurden vor allem in der Nestos-Stellung verwendet. An manchen Stellen der Nestos-Stellung wurden Granaten anstelle von Minen verwendet.

Zur Sicherung ebener Flächen gegen Flugzeuglandungen z. B. im Becken von Drama wurden Steinhaufen aufgeschichtet oder kurze Grabenstücke ausgehoben,

Panzer, Panzerteile und Panzertüren

Panzertürme oder -glocken wie in der Maginot-Linie gab es in der Bauten der Metaxas-Linie nicht. Der Grund war recht einfach: Sie konnten in Griechenland nicht hergestellt werde und der Import war zu kompliziert und zu teuer. Es konnten daher nur Panzerteile und zwar für schwere Granatwerfer und die Flak-Stände eingebaut werden.

Abb. 40 Panzerdecke für schweren Granatwerfer
Aus Denkschrift Bild 185

Abb.41 Kuppel aus Stahlblech
Aus Denkschrift Bild 186

Das 100 mm starke Panzerteil für den schweren Granatwerfer war kuppelförmig und hatte oben eine 60 cm Öffnung. Diese konnte durch einen zweiteiligen Stahlblechdeckel geschlossen werden. Er bot jedoch kaum Schutz gegen Splitter

Das Panzerteil für den Flakstand bestand aus 8 mm starkem Stahlblech mit einem Ausschnitt für das Flak-Rohr. Die Stahlkuppel lief auf einem Führungsring und konnte zusammen mit der Waffe vom Boden aus gedreht werden. Die Öffnung konnte geschlossen werden. Das Gewicht der Kuppel war so leicht, dass der Luftdruck eines Einschlags einer Stuka-Bombe oder einer Artillerie-Granate sie wegblies.

Die Türen waren überall 15 mm stark und gasdicht. Sie hatten Gewehrscharten, aus denen man Eingänge, Treppen und Hohlgänge unter Beschuss nehmen konnte. Räume im Inneren der Anlage hatten Holztüren.

DER ANGRIFF AUF DIE METAXAS-LINIE

Am 28. Oktober 1940 überfiel Mussolini Griechenland. Die Griechen schlugen den italienischen Angriff in Epirus zurück und trieben die Italiener weit nach Albanien zurück. Von da an trat dieser Krieg auf der Stelle. Da Hitler befürchtete, dass der unbeendete Krieg auf dem Balkan ihm beim geplanten Angriff auf die Sowjetunion gefährlich werden konnte, unterzeichnete er am 13. Dezember 1940 die Weisung Nr. 20, die die Operation Marita auslöste: Im Frühjahr 1941 sollte Griechenland besetzt werden.

Das nächste wichtige Ereignis in diesem Zusammenhang war der am 27. März 1941 von Anthony Eden organisierte Putsch in Jugoslawien, der dieses Land auf der Seite Griechenlands in den Krieg führte. Dies hatte schwerwiegende Folgen für die deutsche Kriegsplanung, denn Hitler erteilte wenig später mit Weisung Nr. 25 den Angriff auch auf Jugoslawien. Die Details dieser Entwicklung habe ich in einer ausführlichen Studie dargestellt.[1] Im Folgenden werden die einzelnen Angriffe auf die Metaxas-Linie nach einander dargestellt.

Der deutsche Aufmarsch

Die Planung des deutschen Aufmarschs hatte natürlich schon vor dem Putsch in Belgrad begonnen. Der Putsch fügte nur eine weitere Front hinzu, die übrigen geplanten Angriffslinien blieben erhalten. Gegenüber der Metaxas-Linie stand die 12. Armee, der zwei Armee-Korps unterstanden: Das XVIII. A.K. sollte die Struma-Roupel-Enge öffnen und das XXX. A.K. sollte die Vormarschstraßen III und IV durch die Rodopi-Berge öffnen und Vorstöße in Richtung auf Xanthi und Komotini ermöglichen, um dann den Nestos zu überqueren und dann in Richtung auf Kavalla und über Iraklica nach Saloniki vorzustoßen. Mit einer kleinen Streitmacht sollte Alexandroupolis eingenommen werden.

An diesem Aufmarschplan änderte sich auch durch den Putsch in Belgrad nichts, außer dass jetzt die 2. Panzer-Division hinzukam und den Auftrag erhielt, über Jugoslawien nach Saloniki vorzustoßen. Da diese Operationen erst jetzt hinzukamen, sollen sie chronologisch als letzte beschrieben werden.

Der Kampfverlauf im Bereich des XVIII. Armeekorps

Das XVIII. A.K. bestand aus der 6. Gebirgs-Division, Teilen der 5. Gebirgs-Division, dem verstärkten 125. Infanterie-Regiment und der Angriffsgruppe der 72. Infanterie-Division. Die 6. Gebirgsdivision sollte überfallartig das Belasica- [Kerkini-]Gebirge überschreiten und den Nordteil des Krousia-Gebirges besetzen. Die Angriffsgruppe der 5. Gebirgs-Division sollte durch Angriffe gegen die Flanken und Rücken der Befestigungen zwischen Petrić und Neo Petritsi die Struma-Enge öffnen. Das verstärkte Infanterie-Regiment 125 sollte auf beiden Ufern des Struma vorstoßen und den südlichen Ausgang der Enge besetzen. Die 72. Infanterie-Division sollte entlang der Straße Nevrokopi-Drama auf Serres vorstoßen und den Struma-Übergang erzwingen. Im folgenden sollen die Ereignisse an den Kampforten einzelnen beschrieben werden.

Der Vorstoß am Kerkini-Krousia Abschnitt[2]

In der Nacht zum 6. April stiegen die beiden Angriffsgruppen der 6. Gebirgs-Division durch den Schnee auf der Nordseite des Kerkini-Gebirges in ihre Ausgangstellungen dicht unterhalb des Kamms der Kerkini-Berge, die in der Literatur zumeist als Belasica-Berge auftauchen. Exakt

1 Heinz A. Richter, *Griechenland im Zweiten Weltkrieg 1939-1941*, Zweite erweiterte Auflage (Mainz: Rutzen-Verlag, 2010).

2 *Denkschrift*, pp. 154-157..

um 5:20 Uhr begann der überfallartige Angriff. Die rechte Gruppe, das G.J. Regiment 143, überrannte einige der wenigen feldmäßigen Kampfstände am Kamm, rollte die griechischen Stellungen auf und trug den Angriff rasch weiter vor. Auf dem linken Flügel stieß das G.J. Regiment 141 nach einigen hundert Metern auf heftigen Widerstand, der sich vor allem auf die Hinterhangstellung stützte.

Massives feindliches Gewehrfeuer, unterstützt vom Feuer schwerer Granatwerfer und von einer 10,5 cm Batterie am Nordabhang des Krousia-Gebirges, empfing die Angreifer, die den schroffigen, deckungslosen Hang südlich des Kamms durchqueren mussten, und zwangen alle Einheiten, die den Kamm überquerten, volle Deckung zu suchen. Gegen 06:20 hatten die vordersten Teile des Regiments den halben Weg hinter sich. Mit Hilfe von 2 cm Flak und MGs wurden die Scharten unter Beschuss genommen und man brachte sie vorübergehend zum Schweigen. Doch fehlten panzerbrechende Waffen und schwere Artillerie.

Erst gegen 10:00 wurde der Widerstand des sich zäh verteidigenden Gegners durch eine vom Kamm aus feuernde Batterie in direkten Beschuss genommen. Aber es dauerte noch Stunden bis Gebirgsjäger- und Pionierstoßtrupps im Nahangriff mit Sprengladungen die Kampfstände nach einander zum Schweigen brachten. Erst 15:05 Uhr schwieg der letzte feindliche Kampfstand. Doch immer wieder leistete der Gegner im Gelände Widerstand. Erst als die Dunkelheit hereinbrach, zogen sich die Verteidiger in die Stellungen des Krousia-Gebirges zurück. Am 8. April wurde der Angriff gegen diese Stellungen fortgesetzt. Nur wenige Abschnitte leisteten zähen Widerstand und auch dieser wurde gebrochen.

Wenn das G.J. Regiment 143 fast keine Verluste hatte, so lag dies daran, dass die Angreifer die Verteidigungsstellungen erkannten und umgehen konnten. Die Schwächen der Hinterhangstellung hätte durch Artilleriefeuer von den Krousia-Höhen ausgeglichen werden können, aber dort gab es kaum Artillerie. Die Krousia-Stellung befand sich noch im Aufbau und hatte bislang nur ein schwaches Gerippe von MG Stellungen. Als Hauptkampflinie war sie noch zu wenig tauglich.

Der Kampf um die Sperrgruppe Strymonos

Das XVIII. Armeekorps hatte für den Angriff auf die Struma-Enge die 5. Geb. Division und das verstärkte Infanterie Regiment 125 vorgesehen. Über die Kämpfe des 125 Regiments wird später berichtet. Von allen deutschen Angriffsformationen hatte die 5. Geb. Division die härteste und schwierigste Aufgabe. Sie sollte den östlichen Teil des Kerkini-Beles-Massivs, der den Namen Rupesko trug, überwinden, die Straßen- und Eisenbahnbrücke über die Struma in ihren Besitz bringen und die Struma-Enge von Süden her angreifen, um so dem Regiment 125 den Durchbruch zu erleichtern. Im Gegensatz zum westlichen Teil des Beles-Massivs hat der östliche eine gewisse Tiefe und war von den Griechen befestigt worden. Auf der bulgarischen Seite des Gebirges führte von Petrič her ein schmales Sträßchen bis zur Grenze. Auf der griechischen Seite gab es drei Fahrwege von der Ebene zu den Forts Popotlivitsa, Istimbei und Arpalouki bzw. Kelkagia, über die beim Bau der Metaxas-Linie die Baumaterialien in die Berge geschafft worden waren. Ferner verliefen zwei tief eingeschnittene Täler in Richtung auf Neo Petritsi bzw. östlich davon. Der Kamm des Gebirges war voll in griechischer Hand.

Das Festungswerk Popotlivitsa war zum Zeitpunkt des Angriffs noch nicht fertiggestellt. Es hatte knapp 300 Mann Besatzung. Seine Bewaffnung bestand aus zwei 75 mm Geschützen, einer 2 cm-Flak, zwei Minenwerfern, 26 MGs und 9 Granatwerfern. Das direkt an der Grenze liegende Werk Istimbei hatte über 450 Verteidiger. Seine Bewaffnung entsprach genau jener von Popotlivitsa, nur dass es zusätzlich über ein mittleres Flak-Geschütz verfügte und 26 MGs und 9 Granatwerfer hatte. Das Fort Kelkagia hatte nicht ganz 250 Verteidiger. Seine Bewaffnung war erheblich schwächer. Es verfügte nur über ein Flak-Geschütz, 18 MGs und 11 Granatwerfer. Arpalouki hatte eine Besatzung von knapp 370 Mann. Seine Bewaffnung bestand aus einem 75 mm Geschütz, einer 2 cm-Flak, 19 MGs und 6 Granatwerfern. Poliouriones hatte 600 Mann Besatzung, zwei 75 mm Geschütze. eine 2 cm Flak, 31 MGs, 16 leichte und 35 schwere Granatwerfer. Das Fort Roupel (Usita) war mit 1.397 Mann personalmäßig und materiell am besten ausgestattet:. Es hatte zwei 75 mm Geschütze, fünf 37mm Geschütze, 85 MGs, 25 schwere und 53 leichte Granatwerfer. Auch bei den übrigen Forts der Struma-Enge war die Zahl der MGs erstaunlich hoch. [1]

Zwischen den Festungswerken befanden sich gut ausgebaute feldmäßige Befestigungen, Stacheldrahtverhaue und Minenfelder. Die Fahrwege waren durch Straßensperren gesichert. Die Artillerie stand gut getarnt auf Hinterhangpositionen.

Die deutsche Aufklärung hatte zwar alle fünf Festungswerke erkannt, aber angenommen, dass es sich um eine durchgehende tiefgegliederte Bunkerlinie handelte. Der Festungscharakter war nicht erfaßt worden. Der ursprüngliche Plan hatte vorgesehen, dass die Division an den Forts vorbei in den beiden Tälern vorstoßen sollte, die in Richtung Neo Petritsi durch das Gebirge verlaufen. Die Luftaufklärung erwies aber, dass diese Täler, die die Namen Ianoutsitsa und Soultanitsa trugen, rinnenartig ausgebildet waren, durch die zwar einzelne Trupps, aber nie größere Teile der Division mit schweren Waffen durchkommen würden. Da die schweren Waffen für den Angriff auf die Struma-Enge unverzichtbar waren, musste auch hier frontal angegriffen und durchgebrochen werden.[2]

Die Tage bis zum Angriff waren eine entsetzliche Plackerei für die Männer der 5. Division. Über den von Petrič heraufführenden Fahrweg, der 2,5-3 m breit war und über keinerlei Unterbau verfügte, musste ein Höhenunterschied von 1.300 m überwunden werden. Die schwere Artillerie mußte im Tal bleiben. Die schwersten Waffen, die der Division daher beim Angriff zur Verfügung standen, waren einige 7,5 cm Geschütze, und diese wurden zerlegt auf die Berge geschleppt.[3]

Am 6. April 1941 um 05:20 begann der Generalangriff der 5. Geb. Division auf die Grenzstellungen auf dem Höhenrücken Rupesko, auf dem sich die meisten Sperranlagen befanden. Die Werksgruppen Usita auf dem östlichen Ufer der Struma und Paliouriones auf der anderen Seite, die die Struma-Enge sperrten, sollten durch die 125 Inf. Division erobert werden Die Einheiten der 5. Geb. Div. erreichten ohne Schwierigkeiten die Grenzhöhen. Inzwischen stieß das 125 Inf. Regiment beiderseits der Struma vor, und nun begann am Fluss und oben auf den Höhen der Kampf der einzelnen Einheiten.

Die griechischen Grenzbefestigungen wehrten sich heftig. Gleichzeitig seilte sich ein Spähtrupp in die Soultanitsa-Schlucht ab, um sich durch die Schlucht zu der Struma-Brücke durchzuschleichen. Gegen 5:40 begann ein massiver Feuerüberfall der Artillerie, der nach 6 Uhr durch einen Stuka-Angriff fortgesetzt wurde. Der eigentliche Angriff der 5. Geb. Division begann um 8:15 Uhr. Sehr rasch zeigte es sich, dass das Bombardement der Luftwaffe wenig bewirkt hatte, denn die griechischen Bunker waren völlig intakt. Auf dem rechten Flügel im Angriffsabschnitt des I. Bataillons des G.J-Regiments 85 war die Roupesko-Stellung überhaupt nicht bombardiert worden. Prompt blieb der Angriff des Bataillons im Abwehrfeuer der Griechen liegen. Dem Angriff auf das Fort Popotlivitsa erging es zunächst genauso; trotz erneuter Stuka-Angriffe

1 Die Angaben stammen aus Genikon Epiteleion Stratou,, *Agones eis tin Anatolikin Makedonian kai tin Dytikin Thrakin* (Athen: Ekdosieis Diefthynsiseos Istorias Straou, 1956), p. 112f. Von hier an zitiert als GES, *Agones.*

2 Alex Buchner, *Der deutsche Griechenland-Feldzug. Operationen der 12. Armee 1941* (Heidelberg: Kurt Vowinckel, 1957), p. 71.

3 *Ibidem*, p. 75f.

erzielten die angreifenden Gebirgsjäger keine Fortschritte.[1] Doch ein Teil des Bataillons ging in der Sultanitza Schlucht vor, zerschlug die Feldbefestigungen im Süden von Popotlivitsa. Dann griff es das Werk selbst an, das im Süden noch nicht ausgebaut war. Es gelang den Stoßtrupps, die Werkoberfläche zu erreichen. Die Scharten wurden durch herabgeworfene Erde und Steine zum Schweigen gebracht. Die Kampfstände selbst wurden durch Nebelkerzen, Benzin und Sprengladungen, die in die Hohlgänge geworfen wurden, nacheinander niedergerungen. Nach vier Tagen Kampf, am 9. April) kapitulierte die Besatzung.

Die Bataillone II. und III. machten auf dem linken Flügel des Regiments beim Fort Istimbei ähnliche Erfahrungen. Das Bombardement und die Bombenabwürfe hatten das Fort kaum beschädigt, einige der Bomben waren sogar in die eigenen Reihen gegangen, wo sie zu Verlusten führten. Der Angriff provozierte massives Abwehrfeuer. Da die Angreifer über keine schweren Waffen zur direkten Schartenbekämpfung verfügten, konnten sie die Bunker nur einzeln durch Verdämmen der Schießscharten mit losen Steinen vorübergehend zum Verstummen bringen. Später wurden zwei Flakgeschütze auf die Höhe gebracht. Diese nahmen die Scharten in den westlichen Werken von Istimbei direkt unter Beschuss, so dass die Gebirgsjäger den toten Winkel für die Verteidiger auf den Bunkern des Werks Istimbei erreichen konnten.

Von oben wurden dann mehrere Stände wie bei Popotlivitsa durch Einwerfen von Nebelkerzen, Benzinkanistern und Sprengladungen niedergekämpft. Der Fortkommandant zögerte nicht, eigenes Artilleriefeuer auf die eigenen Werkoberflächen anzufordern. Die Gebirgsjäger erlitten hohe Verluste, mussten das gut sitzende Feuer bis zum Abend ertragen und dabei noch Gegenstöße der Bunkerbesatzungen abwehren.

Trotz der mißlichen Lage des III. Bataillons befahl die Divisionsführung, die gewonnenen Positionen um jeden Preis zu halten. Als nach Einbruch der Nacht ein Teil des III. Bataillons abgelöst wurde, zeigte es sich, dass fast alle Offiziere und ein Drittel der Mannschaft an diesem 6. April gefallen oder verwundet worden waren. Andere Teile des Bataillons konnten wegen der griechischen Aufmerksamkeit nicht abgelöst werden und mussten die Nacht in irgendwelchen Deckungslöchern verbringen.

Die Griechen verteidigten sich mit unerwarteter Zähigkeit. Scheinbar niedergekämpfte, zugeschüttete und gesprengte Kampfstände lebten wieder auf.. Die Verteidiger schossen aus Rissen und Löchern der angeschlagenen Bauten und bekämpften sogar die vom Angreifer benutzten Waffen für den Beschuss der Scharten. Nach 31stündigen Kampf kapitulierte das Gesamtwerk von Istimbei. Damit war eine entscheidende Bresche in die Metaxas-Linie geschlagen. Das II. Bataillon nützte die Chance und setzte entlang des Fahrweges nach und erreichte gegen 19 Uhr den Ort Neo Petritsi. Der Durchbruch durchs Gebirge war geschafft. Das Bataillon bildete einen Abwehrriegel. Damit befand sich einer der Fahrwege in deutscher Hand. Zwar war dieser an einigen Stellen durch Sprengungen zerstört, aber die Reparatur war nur eine Frage der Zeit. Schon am 8. April war der Fahrweg wieder für Tragetiere passierbar.[2]

Die folgenden Fotos illustrieren den Kampf um Istimbei.

---

1 Die Darstellung folgt hier weitgehend Buchner, *Griechenlandfeldzug*, pp. 77-101 und *Denkschrift*, pp. 126f.
2 *Denkschrift*, pp. 159-162

Abb. 42 Werk Istimbei MG-Stand 1, beschossen, Scharte zugeschüttet
Aus Denkschrift Bild 143

Abb. 43 Werk Isrtimbei, MG-Stand 5, gesprengt, mit zugeschütteter Scharte
Aus Denkschrift Bild 144

Abb. 44 Werk Istimbei MG-Stand M 14, gesprengt und mit Dachziegeln versperrt
Aus Denkschrift Bilde 148

Abb. 45 Werk Istimbei. MG-Stand 15, Scharte mit der abgesprengten Betonschale zugesetzt
Aus Denkschrift Bild 146

Ähnlich verlief der Angriff auf das Werk Kelkaia.[1] Der Angriff des Gebirgsjäger-Regiments 100 gegen Kelkagia und Arpalouki stieß auf ähnliche Schwierigkeiten. Der dem Angriff vorangehende Artillerieüberfall hatte nichts bewirkt, und das anschließende Stuka-Bombardement war wenig wirksam gewesen. Unter ständigem Pak-Beschuß der Scharten gelang es dem III. Bataillon, sich an das Werk Kelkagia heranzuarbeiten und sich dort einzugraben. Danach wurde ein Stand nach dem anderen durch Verdämmen der Scharten zum Schweigen gebracht und dann erlebte es das gleiche Schicksal wie das III. Bataillon der 5. Gebirgsdivision auf Istimbei. Die

1 *Denkschrift*, p. 162

Griechen verlegten ihr Artilleriefeuer auf das Werk Kelkagia und die Gebirgsjäger mußten in Deckung gehen und sich dort für die bevorstehende Nacht einrichten.

In der Frühe des 7. April kam es zu einer überraschenden Wende. Gebirgsjäger des III. Bataillons entdeckten den Eingang zum Werk Kelkagia. Sie drangen in das Fort ein und zwangen die Besatzung mit geballten Ladungen und Nebelkerzen zur Kapitulation. Damit war zwar das

Abb.46 Werk Kelkaia. Schützenmulden des Angreifers von den Ständen B8 und M9
Aus Denkschrift Bilde 148

erste Werk der Metaxas-Linie gefallen, aber dies bedeutete keinesfalls den Durchbruch, denn die dahinterliegenden Bunker und das Fort Arpalouki kämpften weiter und sperrten weiterhin der Gebirgsübergang. Auch beim 85. Regiment ging der Kampf um Istimbei weiter. Die Gebirgsjäger versuchten, durch Verdämmen der Scharten das Werk zum Schweigen zu bringen. Dies half aber nur vorübergehend, denn kaum wandten sich die Angreifer einem neuen Bunker zu, wurde der eben zum Verstummen gebrachte wieder sehr lebendig. Schließlich wurde versucht, die Besatzung auszuräuchern. Gegen 11 Uhr kapitulierte das Fort Istimbei.

Auch im Bereich des Regiments 100 kamen die Dinge in Bewegung. Gegen Mittag fiel der südliche Teil des Forts Kelkagia. Das Regiment schob sich an das Fort Arpalouki heran. Da dessen Hauptkampfmittel durch Volltreffer zerstört waren, setzte sich die Besatzung in der Nacht vom 7./8. unbemerkt ab. Der 8. April war durch zwei Anstrengungen gekennzeichnet. Einmal versuchte man auf deutscher Seite, den durch das Gebirgsjäger-Regiment 85 erzielten Durchbruch zu verbreitern, indem man die noch kämpfenden Werke abriegelte, und zum anderen bemühte man sich, die schweren Waffen über das Gebirge zu bringen.

Beim Gebirgsjäger-Regiment 85 gelang es dem I. Bataillon, in den Festungsbereich von Popotlivitsa einzubrechen, und gegen 19 Uhr ergab sich die Besatzung. Teile des Bataillons hatten inzwischen das Fort umgangen und waren bergab vorgestoßen. Beim Bahnhof Vironeia stießen sie auf jenen Aufklärungszug, der sich am 6. April durch die Schluchten nach Süden durchgeschlichen und seither, unbemerkt von den Griechen, die Struma-Brücke bei diesem Ort gehalten hatte. Nur die Feldstellung Roupeskou auf dem äußersten rechten Flügel wurde von den Griechen noch zäh verteidigt. Im östlichen Beles-Massiv kam es hier und da noch zu kurzen Gefechten zwischen sich absetzenden griechischen Truppen und nachstoßenden Gebirgsjägern. Aber dies hatte keine große Bedeutung mehr. Am Abend des 8. April war der Durchbruch durch die Metaxas-Linie geschafft. Die 5. Division kontrollierte alle drei Fahrwege über das Gebirge. Zwar konnten keine der von Zugmaschinen gezogenen schweren Waffen passieren, aber noch am 8. April wurden die ersten auf Tragetiere verlasteten Artillerie-Stücke nach Neo Petritsi in Bewegung gesetzt, wo sie am Abend eintrafen. Dort begannen die Artilleristen, dem auf der Goliama-Höhe jenseits der Struma eingeigelten und schwer bedrängten II. Bataillon des Infanterie-Regiments 125 von Neo Petritsi aus Feuerschutz zu geben. Am 9. April konnte das Flak-Bataillon 609 über die Berge gebracht werden. Weitere Flak- und Pak-Einheiten folgten. Die beiden Gebirgsdivisionen kontrollierten das gesamte Tal vom Doiran-See bis zum Ende der Roupel-Enge. Ein Aufrollen der eigentlichen Roupel-Stellung rückte näher.

Auf dem linken Flügel des Gebirgsjäger-Regiments 100 war nach dem Fall von Arpalouki das III. Bataillon nach Osten abgedreht, um dem vor dem Fort Paliouriones festliegenden I. Bataillon zu Hilfe zu kommen. Das Bataillon erreicht zwar die Drahthindernisse, wurde aber dann durch Abwehrfeuer gestoppt. Am 9. sprengten die Gebirgsjäger die Strom- und Wasserversorgung von Paliouriones, aber das Fort wehrte sich weiter. Später am Tag traf das Kapitulationsangebot der Griechen ein, und die für den 10. April vorgesehenen Angriffe auf die Roupel-Enge unterblieben. Am 10. April ergaben sich die Verteidiger. Die einzige griechische Bergstellung, die bis zu diesem Zeitpunkt gehalten hatte, war die Position auf dem Roupeskou.

Bekanntlich hatte das verstärkte Inf. Regiment 125 den Auftrag erhalten, zusammen mit dem unterstellten 1. G.J. Batallion des G.J. Regiments 100, die Struma-Enge (Roupel-Enge) zu durchbrechen und die Struma-Brücke am südlichen Ende der Enge in Besitz zu bringen. Der Angriffsplan sah drei Angriffsrichtungen vor. Auf dem rechten Struma-Ufer sollte das I. Gebirgsjäger-Bataillon das Fort Paliouriones, das von der 18. Division verteidigt wurde, in Besitz nehmen. Die mittlere Gruppe, das I. Bataillon des Regiments 125, sollte die eigentliche Enge durchbrechen und diesen Durchbruch auf seiner linken Flanke absichern, indem es die westlichen Sperrwerke der Festung Roupel niederkämpfte. Fort Roupel wurde von der 14. Division verteidigt. Das II. Bataillon sollte zwischen Fort Roupel und dem weiter östlich gelegenen Werk Karatas, ohne sich auf Kämpfe einzulassen, über die Berge hinweg nach Süden vorstoßen, ebenfalls die Brücke in Besitz nehmen und den Ausgang der Roupel-Enge blockieren. Bei diesem Vorstoß sollte es durch das III. Bataillon unterstützt werden, indem dieses die östlichen Teile des Forts Roupel angriff. Zusätzlich war ursprünglich ein Kommandounternehmen der 8. Kompanie des Regiments *Brandenburg* vorgesehen. Die etwa 60 Mann zählende Kompanie sollte in griechischen Uniformen mit Sturmbooten die Struma-Enge durchstoßen, die Brücke im Handstreich nehmen und halten bis Verstärkungen nahten.

Die Aufklärer des Regiments hatten die drei Werke Karatas, Roupel und Paliouriones erkannt, aber ihre tatsächliche Größe und Kampfkraft völlig unterschätzt. Es wurde zunächst sogar angenommen, dass es sich um eine mehrfach gestaffelte Oberflächen-Verteidigungsanlage handle. Erst als kurz vor dem Angriff größere Aktivitäten erkennbar wurden, begann man zu ahnen, dass doch mehr dahinter war.[1] Tatsächlich war das Fort Roupel (Usita) mit fast 1.400 Mann Besatzung das größte der ganzen Metaxas-Linie und verfügte als einziges Werk sogar über eine schwere und drei leichte Flak-Batterien und 5 Pak-Geschütze. Das Fort hatte 85 MG,

1 *Ibidem*, p. 53.

51 Mörser- und 25 Granatwerfer-Stände. Das benachbarte Werk Karatas hatte über 800 Mann Besetzung und verfügte über 46 MG- und 15 Granatwerfer-Stände. Die Besatzung von Paliouriones lag etwas über 600 Mann und hatte 31 MGs und 16 Granatwerfer. Ferner verfügte jedes Werk über zahlreiche Scheinwerfer und Beobachtungsstände. Die in den Fels getriebenen ausbetonierten Bunker deckten sich gegenseitig. Die größeren Werke waren unterirdisch miteinander verbunden. Es gab verdeckte Ausgänge für Gegenstöße. Vor den Werkgruppen waren ausgedehnte Panzersperren, Stacheldrahtverhaue und breite Minensperren. Feldbefestigungen an kritischen Punkten ergänzten die permanenten Anlagen. Die Artillerie der Forts lag gut getarnt jenseits der Berge in Hinterhangstellungen, die von der Seite der Angreifer nicht beobachtet werden konnten.[1]

Der Angriff des 125. Regiments wurde von 05:30 bis 08:15 Uhr durch massive Stuka-Angriffe und Artilleriefeuer vorbereitet. Zeitgleich mit dem ersten Feuerschlag begann auch das Sturmbootunternehmen auf der Struma. Dieses Unternehmen wird in der griechischen Literatur in der Regel stark übertrieben;[2] jedem (militärischen) Besucher des Forts Roupel wird erzählt, dass 60 *Brandenburger* mit 18 Schlauchbooten einen vergeblichen Durchbruchsversuch unternahmen und dabei ausgelöscht wurden.[3] Die Realität war weit weniger spektakulär. Da die *Brandenburger* nicht eingetroffen waren, erhielt eine Gruppe von 14 Pionieren des 125. Regiments den Auftrag, mit drei Sturmbooten in die Sperranlagen der eigentlichen Enge einzudringen und gegnerische Kampfstände auszuheben, um so den Angriff des I. Bataillons entlang der Straße zu erleichtern. Nach weniger als 200 m blieben die drei Sturmboote jedoch im flachen Wasser hängen. Die Besatzungen machten die Boote zwar wieder flott, wurden dabei aber entdeckt und heftig unter Feuer genommen. Zwei Boote sanken und das dritte blieb, nachdem sein Steuermann gefallen war, auf einer Sandbank liegen. Die Überlebenden schwammen an Land, wo sie sich der Spitze des I. Bataillons anschlossen.[4]

Der rechte Flügel des I. Bataillons stieß entlang der Straße bis kurz hinter den Ort Promachon vor, dann blieb der Angriff im massiven Abwehrfeuer der Griechen stecken. Die griechischen Artilleristen verstanden ihr Handwerk und schossen sogar im direkten Beschuß die Sturmgeschütze des Regiments zusammen. Als besonders wirksam erwies sich ein Geschützbunker, der sich zwischen Straße und Fluss befand. Seine Schießscharte lag fast auf Straßenniveau und konnte nur sehr schwer bekämpft werden.[5] Am Abend zogen sich die Reste der Angreifer in die Ausgangsstellung zurück. Der Hauptangriff des I. Bataillons gegen das Fort Roupel selbst scheiterte schon im Vorgelände. Konzentriertes Abwehrfeuer aus dem Fort und flankierendes Feuer von den Forts Paliouriones und Karatas führten zu hohen Verlusten, so dass sich am Abend auch dieser Teil des Bataillons zurückziehen mußte. Der Angriff des III. Bataillons auf dem linken Flügel scheiterte ebenfalls. Am 6. April wurde nicht ein einziger Bunker erobert; das Regiment hatte hohe Verluste gehabt und die schweren Waffen waren zum großen Teil zusammengeschossen worden. Einzig das II. Bataillon war zwischen den Forts durchgebrochen, wobei es weit über die Hälfte seiner Stärke einbüßte, und befand sich am Abend des Angriffstages in den Bergen südlich von Roupel.

---

1 *Ibidem*, p. 52; Die Zahlenangaben über die Forts stammen aus GES, *Agones*, p. 113.

2 Terzakis, *op. cit.*, p. 157: *"Rubber dinghies crossed the Strymon, loaded with German troops: amphibious monsters with thousands of heads of greenish steel."*

3 Dem Verfasser liegt der bei solchen Gelegenheiten vorgetragene offiziöse Text vor. Darin finden sich die genannten Zahlen.

4 Buchner, *Griechenlandfeldzug*, p. 56.

5 Kurt Neher, *Serbien, Griechenland, Kreta feindfrei* (Berlin: Schützen-Verlag, 1942), p. 132.

Auch am 7. April scheiterten die Versuche, erneut anzugreifen, im griechischen Abwehrfeuer, das schon in den Bereitstellungsräumen erhebliche Verluste verursachte. Am 8. April wurde erneut ein Versuch unternommen. Das III. Bataillon sollte in das Werk Roupel eindringen. Um das vernichtende Flankenfeuer auszuschalten, wurden Fort Karatas und die griechischen Artillerie-Stellungen am Hinterhang von deutscher Artillerie bombardiert. Aber nicht einmal ein Stuka-Angriff von 40-50 Maschinen konnte die rückwärtige Artillerie zum Schweigen bringen geschweige denn die von Karatas. Als das Bataillon gegen Mittag des 8. April zum Angriff antrat, musste es feststellen, dass die griechische Abwehr noch voll funktionsfähig war. Ein erneuter Angriff am 9. April unterblieb wegen der inzwischen erfolgten Waffenstreckung der griechischen Armee Ostmakedonien.

Das II. Bataillon, das noch rund 200 Mann zählte, hatte inzwischen am Morgen des 7. April die Goliama-Höhe östlich des Ausganges der Roupel-Enge besetzt, die ca. 5 km Luftlinie von den deutschen Linien entfernt war. Als man unten auf der Struma-Brücke größere Bewegungen erkannte, nahm man diese unter Feuer. Zwar sprengten die Griechen in der ersten Aufregung daraufhin die Brücke, aber das II. Bataillon hatte damit seine Anwesenheit verraten. Am 8. April begannen von allen Seiten griechische Angriffe. Am 9. April musste das Bataillon dem Regiment melden, dass es nur noch bedingt kampffähig sei. Erst die Kapitulation beendete auch dort die Kampftätigkeit.

Der Angriff des dem 125. Regiment unterstellten Gebirgsjägerregiments 100 gegen das Fort Paliouriones oberhalb des rechten Struma-Ufers verlief ähnlich katastrophal; es erlitt hohe Verluste, aber es gelang kein Einbruch in die griechische Stellung. Erneute Versuche am 7. und 8. April führten nur dazu, dass die Gebirgsjäger im Drahtverhau 200 m vor den Bunkern liegen blieben und noch mehr Verluste erlitten. Es war offensichtlich, dass das Bataillon viel zu schwach war, um das Fort zu erobern. Das Gebirgsjäger-Regiment 100 hatte 27 Gefallene und 75 Verwundete. Das Regiment 125 bezahlte seine vergeblichen Anstrengungen mit rd. 400 Verwundeten und Toten.

Erst als die griechische Armeeabteilung Ostmakedonien kapitulierte, gaben auch die Forts Paliouriones, Roupel (Usita) und Karatas ihren heroischen Widerstand auf. Ihre Kampfkraft war noch voll erhalten und die Moral ihrer Besatzungen unerschüttert. Die Kämpfe hatten zweierlei gezeigt: Ein frontaler Durchbruch gegen diese schwerbefestigten, hartverteidigten Anlagen war, wenn überhaupt, nur unter Hinnahme größter Verluste zu erzielen. Die Kräfte des 125. Regiments reichten für den frontalen Durchbruch durch die Roupel-Enge bei weitem nicht aus. Der Erfolg der Verteidiger zeigte, dass die Erbauer der Festungswerke an der Struma-Enge sie taktisch richtig angelegt hatten: die Möglichkeit der gegenseitigen Feuerunterstützung machte sie äußerst wirksam. Weiter zeigte sich, dass Durchbrüche von Teilen der Angreifer wenig Bedeutung haben, wenn die Verteidiger weiterhin den Willen haben, sich zu wehren, und genügend Reserven vorhanden sind, um die Durchgebrochenen zu bekämpfen.[1] Aber alle diese Faktoren sind von geringem Wert, wenn, wie auch in diesem Fall, die Stellung umgangen und ausflankiert werden konnte.

Der Beschuss mit schwerer Artillerie und das Bombardement durch Stukas hatte weder die Kampfanlagen beschädigt noch die Besatzungen der Werkgruppen erschüttert. Es zeigte sich, dass Werke, die derart aufgelöst waren, kaum ausgeschaltet werden konnten, außer unter Anwendung enormer Munitionsmengen. Ein Angriffserfolg ist nur zu erzielen, wenn es gelingt, Sturmgeschütze, Flak oder Pak auf Punktschussentfernung zur Schartenbekämpfung einzusetzen, wie dies bei Istimbei und Kelkaia der Fall war. Bei den meisten anderen Werken gelang dies

1 *Ibidem*, p. 65f.

nicht, weil sie sich gegenseitig Feuerunterstützung geben konnten. Durch die Schartenbeschießung gelang es den Angreifern auf die Werkoberfläche zu gelangen und von dort das Innere der Bunker zu bekämpfen. Da die Werke zu wenige Ausgänge hatten, waren Gegenstöße kaum möglich. Der Beschuss durch die Artillerie vom benachbarten Werk zeigte wenig Wirkung. Es zeigte sich, dass Bunkeranlagen mehr Ausfallpforten haben sollten und in der Lage sein sollten, die eigene Oberfläche unter Feuer zu nehmen.

Die Kämpfe um das Fort Roupel sind in der griechischen Literatur zu einem Mythos verklärt worden.[1] Noch in einer Publikation aus dem Jahr 1990 wurde der Angriff des Regiments 125 zum eigentlichen Hauptangriff auf die Metaxas-Linie hochstilisiert.[2] Der (militärische) Besucher des Forts Roupel wird bei der Lageeinweisung auf dem obersten Punkt des Forts Roupels, dem Profitis Ilias-Hügel, über die Leistung der Roupel-Verteidiger und über die Tatsache, dass Roupel durch das Regiment 125 nicht eingenommen wurde, informiert. Die endliche Kapitulation wird der Flankenumgehung durch die 2. Panzerdivision zugeordnet. Die Tatsache, dass die 5. und 6. Gebirgsdivision einen entscheidenden Durchbruch erzielten, der ein Aufrollen der Roupelposition von hinten ermöglicht hätte, wird nicht einmal erwähnt. Roupel wird zu einer "impregnable fortress" erhoben.[3]

Der Kampf gegen die Sperrgruppe Nevrokopion[4]

Auf dem linken Flügel des XVIII. Gebirgskorps trat die 72. Infanteriedivision zum Angriff an. Sie sollte entlang der Straße von Goce Delčev über Nevrokopi nach Kato Vrondou vorstoßen. Dort sollte sich die Angriffrichtung teilen. Der Hauptstoß sollte durchs Gebirge nach Serres geführt werden, um von da nach Thessaloniki durchzubrechen, aber auch ein Flankenstoß von Südosten gegen die Roupel-Enge war vorgesehen. Eine Teilstreitkraft sollte von Kato Vrondou über die Berge nach Prosotsani und von dort nach Drama durchstoßen, womit Kavalla in den Zugriffsbereich gekommen wäre. Die 72. Division hatte weder links noch rechts Kontakt zu den Nachbardivisionen. Die Erkundung des Angriffsgeländes war mehr als dürftig erfolgt. Da der von Bulgarien einzusehende Teil des Geländes nicht befestigt war, nahm man an, dass hinter der eigentlichen Grenzverteidigung zwei feldmäßig angelegte Widerstandslinien mit einzelnen Kampfständen folgen würden,[5] eine Annahme, die sich als folgenschwerer Irrtum erweisen sollte.

Auf griechischer Seite hatte man sehr wohl verstanden, welch heikle Stelle die mitten im Gebirge liegende Ebene von Nevrokopi bildete. Das schützende griechisch-bulgarische Grenzgebirge senkt sich nördlich davon auf 800 m ab, wird hügelig und steigt erst jenseits des Nestos-Durchbruchs wieder auf 2.000 m an. Durch die Ebene ziehen sich wichtige Straßen. Nach Süden hin ist die Ebene halbkreisförmig von Bergen umgeben, die im Durchschnitt 1.500 m hoch sind. In dieses Halbrund hatten die Griechen ihre Sperrgruppe Nevrokopi eingebaut, die die Ebene und die von dort über die Berge führenden Straßen nach Serres und Drama beherrschte. Auf dem linken Flügel lag das Fort Babazora, das durch Feldbefestigungen mit dem östlich folgenden Fort Malianka verbunden war. Nach Süden hin folgten die Werke Perithori und Partalouska, die die Straße nach Serres blockierten. Im Süden lagen die Forts Dasavli und Ochyron Lisse, die die Paßstraße nach Drama über Prostotsani kontrollierten. Die zweite Straße nach Drama über Graniti wurde durch das Werk Pyramidoeides gesperrt. Im Osten des Halbrundes gab es

1 Christos Zalokostas, *Roupel* (Athen: Estia, 1945)
2 Terzakis *op. cit.*, p. 157.
3 Offiziöser Text.
4 *Denkschrift*, pp. 169-276.
5 Buchner, *Griechenlandfeldzug*, p. 38.

Verteidigungsstellungen auf den umgebenden Höhenzügen. Da aber dort kein Durchbruch drohte, hatte man auf den Bau von permanenten Festungswerken verzichtet. Zusätzlich gab es zwischen den Forts ausgedehnte Feldbefestigungen, Stacheldrahtverhaue und Panzerhindernisse. Außerdem verfügten die Verteidiger über genügend Artillerie, die äußerst gut plaziert war und freies Schussfeld auf die Ebene hatte. Kurzum, die Verteidigung war optimal vorbereitet.

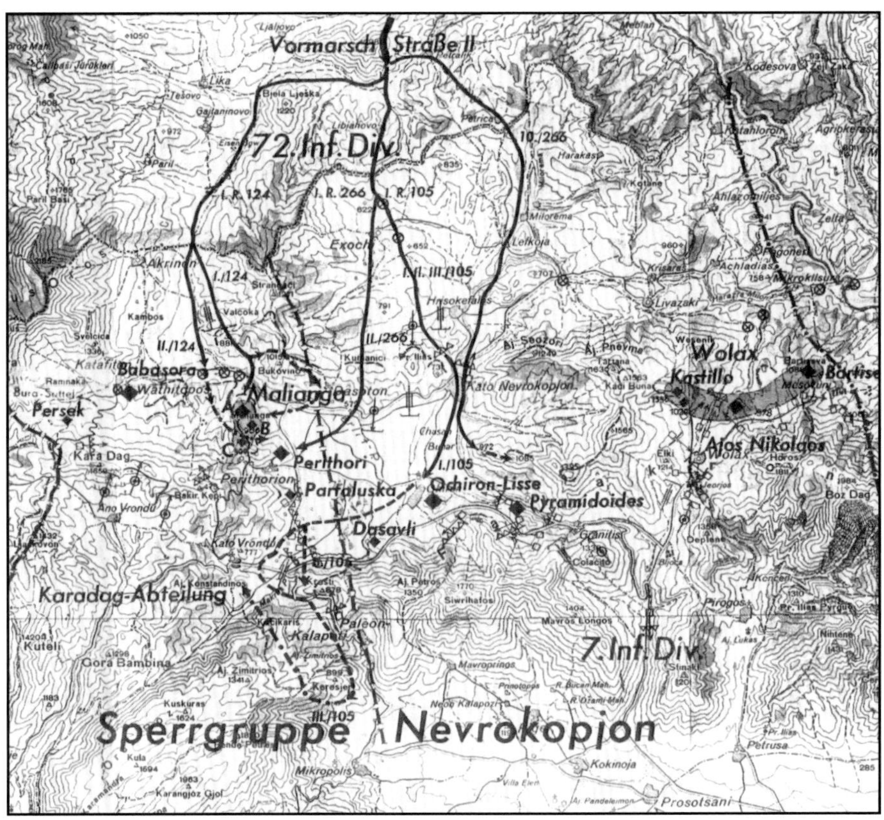

Karte 18 Sperrgruppe Nevrokopion
Aus Denkschrift Ausschnitt aus Bild 87

Das Werk Ochyron Lisse war in einen alleinstehenden Marmorkegel eingebaut. Es beherrschte das gesamte Becken von Nevrokopi und war die Schlüsselstellung der ganze Sperrgruppe. Die Bedeutung dieser beherrschen Stellung ist seit altersher bekannt, wie Ruinen türkischen Festungsanlagen zeigen. Entsprechend war das Werk außerordentlich stark ausgebaut und bewaffnet. Das Hauptwerk befand sich auf einer der beiden Kuppen. Die zentralen Kampfanlagen waren durch Hohlgänge verbunden. Die in den Steilhängen eingebauten Werke waren untereinander ebenfalls mit Hohlgängen verbunden und verfügten über größere bombensichere Hohlräume. Die Werke waren von einem Geflecht von in den felsgesprengten Schützengräben umgeben, von denen aus offene Kämpfer in das Geschehen eingreifen konnten. Wie die Karte zeigt, war die ganze Anlage von einer lückenlosen Feuerzone umgeben. Die wenigen nicht vom Feuer geschützten Anlagen verfügten über Granatwerfer.

Abb. 47 Das Becken von Nevrokopi
Aus Denkschrift Bilde 93

Durch seine beherrschende Position konnten das Werk Ochyron Lisse und das ihm benachbarte Werk Pyramidodis die anderen weiter westlich gelegenen Werke von Partalouska-Perithori und Malianka durch Feuer unterstützen. Die schweren Verluste der 72. Inf. Division waren auch darauf zurückzuführen. Die Ebene selbst wurde durch eine Panzersperre gesperrt, die von zwei in den Fels gehauenen Geschützkasematten gedeckt wurde. Nördlich dieser Sperre war die Ebene ziemlich sumpfig..Weiter nördlich befand sich das Werk Perithori, dessen Hauptwerk auf einer Kuppe lag, dem nach Osten hin terrassenartig kleinere Werkteile vorgelagert waren.

Im Westen befand sich als Eckpfeiler die kleine Werkgruppe Malianka auf einigen Hügeln zerstreut. Die einzelnen Werke waren durch feldmäßige Anlagen verbunden. Auf einer steil aus der Ebene emporsteigenden Kuppe lag das stark ausgebaute Fort Babasora Die nach Drama führende Straße wurde vom Werk Pyramidoidis blockiert. Eine zweite Sperre befand sich bei Granitis.

Wie im Falle von Strymonos entsprach auch die Sperrgruppe von Nevrokopi den Erwartungen. Die Anlage verfügte über eine gewisse Tiefe. Schwächen gab es nur auf dem linken Flügel.

Insgesamt aber erfüllte die Anlage ihre Aufgabe bestens. Die nun folgende Karte von Ochyron Lisse zeigt dies sehr deutlich.

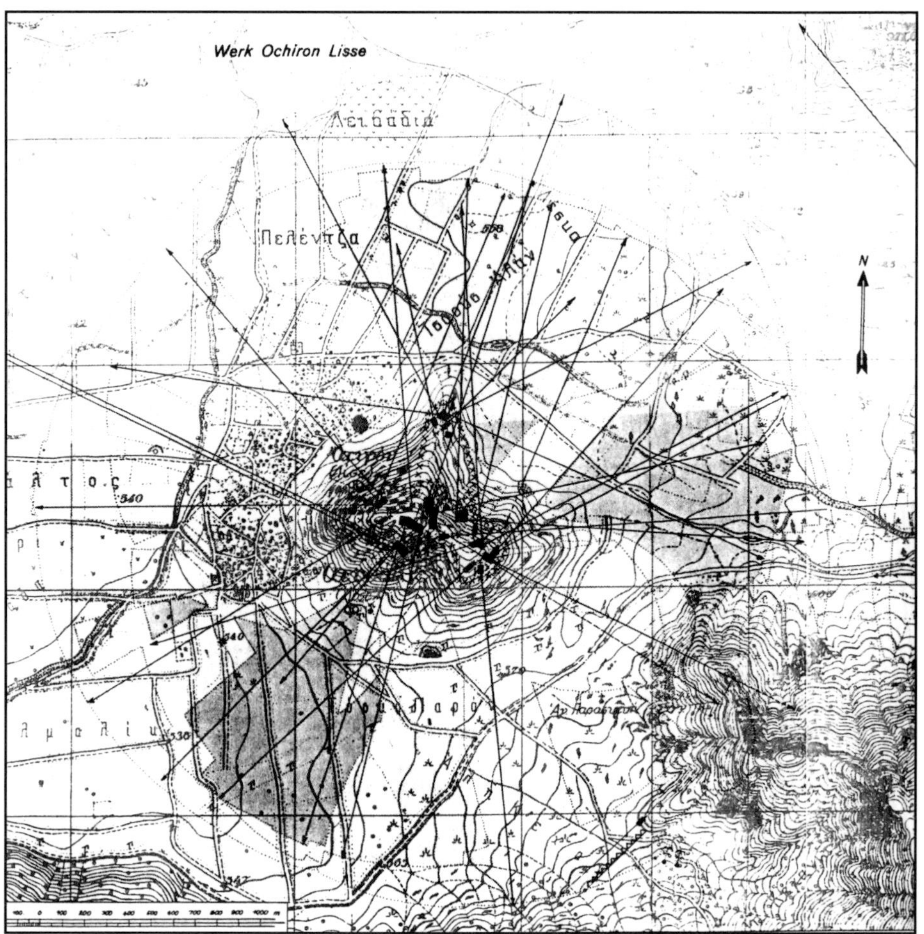

Karte 19 Feuerplan des Werkes Ochyron Lisse
Aus Denkschrift Ausschnitt aus Bild 171

Im Befehl zum Angriff auf das Gebiet von Nevrokopi vom 4. April hieß es, dass man mit Grenzposten, die auf Grenzwacht-Kompanien gestützt waren und zwei Kampflinien verteidigten, rechnen müsse. Man nahm an, dass alle Befestigungen feldmäßig ausgebaut waren. Man ahnte nicht, dass die Befestigungen festungsmäßig gestaltet waren.

Abb. 48 Geschützstand an der Straßensperre nordostwärts Kato Nevrokopion
Aus Denkschrift Bild 154

Der Angriff[1] begann auch an diesem Frontabschnitt pünktlich 05:20 Uhr, als man drei Grenzhäuser handstreichartig besetzte. Eigentlich hätte auch der weitere Angriff erfolgreich sein müssen, denn er richtete sich genau gegen die Trennlinie zwischen der 14. und der 7. Division. Aber das genaue Gegenteil war der Fall. Beide Divisionen setzten sich in Anlehnung an die örtlichen Forts verbissen gegen die deutschen Angriffe zur Wehr. Der Angriff erfolgte aus drei Richtungen. Auf dem rechten Flügel der Deutschen griff das Infanterie-Regiment 124 die Feldbefestigungen beim Fort Malianka und das Werk selbst an. Beide Angriffe wurden abgewiesen. Am 7. April gelang es den Angreifern, einige Feldbefestigungen nördlich des Forts Malianka zu erobern, aber dann blieben sie stecken. Ein Angriff in der Nacht vom 7. auf den 8. April scheiterte ebenfalls. Bei einem erneuten Angriff am 8. April kamen die Angreifer zwar näher an die Forts Malianka und Perithori heran, aber ein Einbruch gelang ihnen nicht. Die Kämpfe gingen bis zur Einstellung der Kampfhandlungen am 9. April weiter, ohne dass auf deutscher Seite ein Erfolg verzeichnet werden konnte.

Die mittlere Angriffskolonne blieb schon am 6. April unter hohen Verlusten vor dem Fort Perithori liegen. Erneute Angriffe am 7. April scheiterten wieder *"an den taktisch hervorragend angelegten und technisch ausgezeichnet ausgebauten Stellungen und an der Ungunst des Geländes,"* wie das Kriegstagebuch des Bataillons festhielt.[2] Griechische Gegenstöße zwangen das Bataillon, das sich völlig verschossen hatte, zum Rückzug. Es wurde klar, dass auch im Mittelabschnitt die griechischen Verteidigungsanlagen nicht im Handstreich zu nehmen waren. Ein in allen Einzelheiten geplanter Großangriff für den 9. April brauchte aber dann nicht mehr stattzufinden.

---

1 Zu den Kämpfen bei Nevrokopi G. Kourouklis, *To Polemikon Imerologion tis 4. Moiras Pyrobolikou. Agon ton Ochyron* (Athen, 1973) und *Denkschrift*, p. 169-175.

2 *Denkschrift*, p. 172

Auf dem linken Flügel rückten am 6. April das II. und III. Bataillon des Infanterie-Regiments 105 unter griechischem Artilleriefeuer bis zum Dorf Ochiron unterhalb des Forts Lisse vor. Da den Angreifern aus dem Werk zunächst nur geringes Feuer entgegenschlug, gab man sich auf deutscher Seite der Illusion hin, das Fort sei durch das eigene Artilleriefeuer sturmreif geschossen worden. Deshalb zog man das II. Bataillon nach vorn, um die Paßstraße nach Prosotsani zu besetzen, und übertrug dem verbleibenden III. die Aufgabe, das Fort Lisse zum Schweigen zu bringen. Beide Unternehmen scheiterten. Das II. Bataillon blieb vor griechischen Feldbefestigungen liegen, und Fort Lisse wehrte sich sehr heftig. Um den Angriff auf den Paß doch noch voranzutreiben, wurde die Eroberung des Forts an das I. Bataillon übertragen, und die beiden anderen Bataillone stießen am 7. April wieder vor. In harten Kämpfen gewannen die beiden Bataillone die Paßstraße, aber ein griechischer Gegenangriff warf sie wieder zurück. Am 8. April begann ein Großangriff des I. Bataillons gegen Fort Lisse, der unter hohen Verlusten abgewiesen wurde.

Die Verteidiger wiesen jeden Angriff ab und warfen eingedrungene Gegner durch Gegenstöße wieder zurück. Die Kampfmoral war auch am 9. April noch hoch, und die Festungswerke waren noch fast intakt. Erst als deutsche Parlamentäre an diesem Tag den Besatzungen vesicherten, dass die ostmakedonische Armee die Waffen gestreckt hätte, gaben die Verteidiger von Nevrokopi auf.

Nach Angaben von Papagos soll die 72. Division 1.800 Mann Verluste gehabt haben, die deutschen Zahlen sprechen von 700 Toten und Verwundeten.[1] Diese Angaben zeigen, mit welcher Härte gekämpft worden war und welche operativen Fehler von der deutschen Seite gemacht wurden. Die 72. Infanteriedivision war frontal in die von den Griechen aufgestellte Falle gelaufen. Es spricht nicht gerade für die Qualitäten ihrer Führung, dass sie stur am eingeschlagenen Kurs des Frontalangriffs festhielt, selbst als die tatsächliche Lage erkannt war. Es hätte ihr eigentlich schnell klar werden müssen, dass ein derartiger Festungsriegel nicht durch eine allgemeine Beschießung sturmreif geschossen werden kann. Auf der anderen Seite können sich die militärischen Leistungen der Verteidiger der Forts bei Kato Nevrokopi durchaus mit dem Widerstand der Forts Roupel/Paliouriones messen. Auch hier beendete erst die Kapitulation der ostmakedonischen Streitkräfte am 9. April die Kämpfe.

Die Kämpfe bestätigten, dass derartige kampfkräftige Anlagen durch kurzes Artillerie-Vorbereitungsschießen nicht sturmreif gemacht werden können, Es bedurfte des wirkungsvollen Einsatz von Sturmgeschützen, Flak oder Pak zum Schartenbeschuss, um die Kampfstände ganz oder für kurze Zeit außer Gefecht zu setzen. Aber auch dann konnte es nur zum endgültigen Erfolg führen, wenn die Angreifer über ausreichend Nahkampfmittel verfügten, um den Gegner in seinen Kampfständen zu erledigen.[2]

Der Kampfverlauf im Bereich des XXX. Armeekorps

Das XXX. Armeekorps hatte den Auftrag, sich an den "deutschen" Vormarschstraßen III und IV bereitzustellen. Erstere kam von Plovdiv und führte nach Xanthi, letztere von Haskovo und Momċilgrad nach Komotini. Diese beiden Städte Westthrakiens sollte besetzt und danach der Nestos überquert und über Kavalla nach Saloniki vorgestoßen werden. Dazu sollte die 164.Infanterie-Division entlang der Straße über Echinos nach Xanthi vorstoßen, den Nestos-Übergang bei Stavroupolis in Besitz nehmen und von dort durchs Gebirge nach Kavalla vorrücken.

---

1 Papagos, *op. cit.*, p. 357.
2 *Denkschrift*, p. 175.

Die 50. Infanterie-Division sollte über Komotini nach Xanthi vorstoßen. Von dort sollte sie zum Nestos-Übergang südwestlich von Xanthi marschieren und von dort nach Kavalla. Eine Abteilung dieser Division sollte Alexandroupolis in Besitz nehmen. Die Angriffe auf die Nestos-Riegelstellung war in der Tat die letzte Stellung der engeren Metaxas-Linie.

Der Kampf um die Nestos-Riegelstellung bei Stavroupolis[1]

Die 164. Infanterie-Division hatte den Auftrag den Nestos-Übergang bei Stavroupolis in Besitz zu nehmen. Offensichtlich wusste man in der Führung, dass der normale Weg zunächst zu der Sperranlage vom Echinos führen würde, die zu durchbrechen Zeit beanspruchen würde. Deshalb befahl man dem III. Infanterie-Regiment nach schwachem Widerstand an der Grenze, auf Saumpfaden durchs Gebirge nach Süden zu marschieren. Große Geländeschwierigkeiten mussten überwunden werden, was auch gelang, aber 14 km nördlich von Stavroupolis geriet die Marschkolonne in einen Feuerüberfall von der feldmäßig ausgebauten Höhe 1.608 und musste innehalten. Erst nach siebenstündigem Kampf wurde die Höhe genommen.

Am Nachmittag des 7. April erreichte die 10 Kompagnie des Bataillons nach erneutem Gefecht Stavroupolis, wo die Straße und die Bahnlinie nach Drama führen. Die 11. Kompagnie begab sich zu der außerhalb des Ortes gelegenen Brücke über den Nestos und versuchte, sie im Handstreich zunehmen. Als die Stoßtrupps sich bis auf 200 m der Brücke genähert hatten, wurde diese vom Gegner gesprengt. Dieser befand sich in einer gut ausgebauten Stellung auf dem Westufer des Nestos, der Hochwasser führte. Ein Angriff schien unter diesen Umständen wenig ratsam, zumal auch die schweren Waffen noch nicht eingetroffen waren und das Bataillion stark auseinandergezogen war.

Am Abend begannen Untersuchungen, ob man den Fluss mit behelfsmäßigen Flößen überqueren könnte. Doch als am frühen Morgen des nächsten Tages ein Spähtrupp versuchte, mit Flößen über den Fluss zu kommen, scheiterte dieser Versuch an der zu starken Strömung. Tagsüber kam es zu gegenseitigem Beschießen, während die Erkundungen für eine Flußüberquerung fortgesetzt wurden.. Man fand eine günstige Stelle, aber die Strömung war auch dort zu stark. Im Laufe des 9. April trafen weitere Teile des Regiments ein, außerdem waren nach dem Fall der Sperre von Echinos Verstärkungen im Anmarsch. Da traf ein Funkspruch der Division ein, dass die griechische Armee in Ostmakedonien um Waffenruhe nachgesucht habe. Die führte zum Abbruch der Kampftätigkeit.

Der Kampf um die Nestos-Riegelstellung bei Toxotai[2]

Die nächste Nestos-Brücke befand sich an der Straße von Xanthi nach Kavalla bei dem Ort Toxotai. Um diese Brücke zu besetzen, entsandte die 50. Division eine spezielle Vorausabteilung. Diese Abteilung erreicht am 9. April den Ort Poimni, 3 km südlich von Toxotai gelegen, und schickte Aufklärer zum Nestos. Diese fanden am Ostufer Vorposten und das Westufer von starken Kräften in Kampfständen besetzt. Die Brücke selbst war gesprengt.

Man fand eine geeignete Stelle zur Überquerung des Nestos westlich vom Ort Thalasia. Um 15:15 eröffnete die Artillerie das Feuer auf die weiter westlich erkannten Kampfanlagen und auf den nahe bei gelegenen Ort Paradisos. Das Feuer brachte die Anlagen zum Schweigen. Aber als gegen 18:00 Uhr die ersten Schlauchboote ins Wasser gelassen worden, begann der Gegner aus bisher nicht erkannten Anlagen mit zusammengefasstem MG-Feuer die Schlauchboote zu beschießen, Die meisten von ihnen gingen verloren. Nur ein kleines Schlauchboot erreichte das

---

1 *Ibidem*, p. 176f.
2 *Ibidem*, p. 177

Abb. 49 Der Nestos bei Toxotai
Aus Denkschrift Bild 157

Feindufer und konnte sich dort festsetzen Der große Abgriff war misslungen. Gegen 23:30 befahl die Division einen erneuten Angriff. Er wurde durch Artilleriebeschuss vorbereitet und sollte am 10. April gegen 01:30 durchgeführt werden. Das Artilleriefeuer begann gegen 00:20, und 01:30 gingen die Infanteristen über den Fluss. Der Gegner stellte sich dem Angriff nicht, sondern räumte nach geringfügigem Widerstand die Stellung. Es gab kaum Verluste. Am frühen Morgen des 10. April befand das westliche Ufer des Nestos in deutscher Hand.

Bei beiden Versuchen, den Nestos zu überqueren, zeigte sich der Fluss als großes Hinderniss. Die Angreifer hatten im ersten Fall keinerlei notwendigen Geräte, um den Fluss zu überqueren. Hätten sie schon da Schlauchboote gehabt, hätten sie auch der starken Strömung widerstehen können. Der erste Fehlschlag der Landung bei Toxotai war darauf zurückzuführen, dass die zweite Stellung nicht erkannt worden war.

Der Kampf um das Sperrwerk Echinos[1]

Am 6. April überschritt das II. Infanterie-Regiment die Grenze, überwand leichten Widerstand und erreichte gegen 17:50 die Gegend 2 km nördlich von Echinos. Ein weiteres Vorrücken schien nicht möglich, da der Gegner die Höhen südwestlich von Echinos mit zahlreichen Stellungen versehen hatte, die sich kraftvoll verteidigten.

Am 7. April erhielt der Kommandeur des Regiments den Befehl, die Höhe 785 zu nehmen, die mit ihren starken Befestigungsanlagen vorläufig jeden weiteren Vormarsch verhinderte, und anschließend nach Xanthi vorzustoßen. Die für diesen Angriff angeforderte Artillerie traf erst am Abend ein, da die Vormarschstraße durch zahlreiche Brückenzerstörungen und Felssprengungen einen raschen Vorstoß verzögert hatte. Inzwischen hatte der Kommandeur des Regiments

1 *Ibidem*, pp. 180-182.

die Gegend erkundet und festgestellt, dass nur das linke Werk (M) angegriffen werden sollte. Die Division stimmte zu, und so marschierte das Regiment in der Nacht auf Echinos zu und schob sich, ohne dass der Gegner dies bemerkte, in das Dorf Echinos und von dort in die Nordhänge des Werkes M. Der Aufstieg erfolgte ohne jede Feindeinwirkung. Erst als die Spitzen in der nächsten Nähe der Kampfanlagen eintrafen, setzte heftiges Abwehrfeuer ein. Dabei wurde das Werk M von einer Anlage des Hauptwerkes unterstützt. Der Artillerie der Angreifer gelang

Abb. 50 Werkgruppe Echinos aus der Sicht des Angreifers
Aus Denkschrift Bilde 158

es, einen der Kampfstände (M 38) außer Gefecht zu setzen. Harte Kämpfe um das Werk M folgten. Erst als ein Stoßtrupp durch eine außer Gefecht gesetzte M.G. Scharte und ein anderer durch das Eingangsbauwerk in die Anlage eindrang und mit Nebelkerzen vorging, ergab sich die 60 Mann starke Besatzung.

Ein Versuch des Gegners, durch einen Gegenstoß das verlorene Werk M, zurückzugewinnen, scheiterte. Aber auch eine Fortsetzung des Angriffs musste wegen des starken Abwehrfeuers vorläufig unterbleiben. Nach Erkundungen sollte er am 9. April fortgesetzt werden, aber da ergab sich die ganze Werkgruppe.

Der Kampf um das Sperrwerk Nymfaia[1]
Weiter östlich, an der deutschen Vormarschstraße IV von Haskovo und Momčilgrad nach Komotini, stellte die 50. Division das verstärkte Inf. Regiment 123 bereit zum Vorstoß nach Komotini auf beiden Seiten der Straße.

Die 50. Division stieß in drei Richtungen vor. Die Truppen ihres linken Flügels hatten bei ihrem Stoß über die Berge hinweg leichtes Spiel. Ohne auf nennenswerten Widerstand zu stoßen, trieben sie das griechische Bataillon der Evros-Brigade, das die von Bulgarien kommende Straße verteidigen sollte, vor sich her bis nach Komotini, das sie noch am Angriffstag erreichten. Die Hauptkolonne, die der Straße folgte, stieß auf den erbitterten Widerstand der Besatzung der Bunkeranlage Nymfaia. Auf dem rechten Flügel erfolgte der Vorstoß entlang eines Karrenweges über die Berge. Obwohl sich Einheiten der Evros-Brigade entgegenstellten, erreichten die Deutschen gegen Abend des 6. April den Gebirgsrand bei Sostis. Weitere Einheiten wurden nachgezogen und versuchten befehlsgemäß nach Xanthi vorzurücken, aber Brückensprengungen und Straßensperren verlangsamten den Vormarsch, so dass die Stadt erst am 8. April in deutsche Hände fiel.

Aber beide Flankendurchbrüche hatten keine entscheidende Bedeutung, da das Fort Nymfaia weiterhin die Straße von Norden blockierte, so dass keine schweren Waffen nachgezogen werden konnten. Am Abend des 6. April war das Fort eingeschlossen und die Beschießung begann, die die ganze Nacht hindurch andauerte. Am Morgen folgten Stuka-Angriffe, die jedoch keinen großen Schaden anrichteten. Infanterieangriffe in der Nacht und am frühen Morgen des 7. April wurden mit Verlusten für die Deutschen zurückgewiesen. Erst beim vierten Infanterieangriff gegen 18 Uhr gelang es schließlich den drei Sturmgruppen nach einer eineinhalbstündigen Artillerievorbereitung, in das Werk einzudringen. Dennoch wehrte sich die Besatzung weiter. Erst mit Hilfe von Nebelkerzen und Flammenwerfern wurde die Besatzung gegen 23:30 Uhr desselben Tages zur Kapitulation gezwungen. Die Überreste der Evros-Brigade traten angeblich auf türkisches Gebiet über, wo sie entwaffnet und (vorübergehend) interniert wurden. Einem kleinen Teil gelang es, sich auf Fischerbooten einzuschiffen und über die Ägäis Mittelgriechenland zu erreichen.[2]

Hätte die griechische Seite von Anfang an ihr Vorfeld besser überwacht, wäre es den deutschen Einheiten nie gelungen, so unbemerkt und ohne Verluste durchzukommen. Es fehlten die Gefechtsposten weiter vorne. Das Feuer aller MGs in dieses Vorfeld gerichtet, hätte zu hohen Verlusten geführt.

Hinzukam, dass die Werke nur MGs und keine weitreichenden Waffen besaßen. Dadurch konnte die Artillerie der Angreifer nach vorne gebracht werden. Sie konnte die Kampfanlagen ohne Probleme direkt beschießen, die Scharten lädieren und die Stoßtrupps konnten ungefährdet auf die Oberseite der Sperrwerke gelangen. Dies wurde noch dadurch verstärkt, dass die Anlage M nicht an der Kante des Abhangs begann. So konnte der Gegner sehr nahe an das Werk herankommen, ohne Gefahr zu laufen.

Dies galt für die Werke Echinos und Nymfaia gleichermaßen Der Mangel an Artillerie spielte ebenfalls ein große Rolle. Die starke Artillerie des Angreifers, seine Sturmgeschütze und Flak konnten so auf kürzeste Entfernung einwirken und Kampfstände ganz oder zumindest vorübergehend zum Schweigen bringen. Dies wiederum ermöglichte den Einbruch ins Werk, d.h. es fehlte wie in allen anderen Fällen eine Oberflächenverteidigung.

1 *Ibidem*, pp. 182-196.
2 GES, *Agones*, pp. 158, 165f; Buchner, *op. cit.*, p. 24ff.

Der Umfassungsangriff der 2. Panzer-Division[1]

Bei der bisherigen Darstellung wurde bewusst auf die Darstellung des Flankenstoßes der 2. Panzerdivision verzichtet, um zu zeigen, dass die deutsche operative Planung auch ohne den Umsturz in Belgrad zum Ziel geführt hätte - allerdings unter in Kaufnahme sehr hoher Verluste. Es ist letztlich nicht zu erklären, warum die Führung des XVIII. Gebirgskorps, nachdem der Durchstoß durch jugoslawisches Gebiet möglich war, weiterhin an der ursprünglichen Planung festhielt und damit die hohen Verluste hinnahm, die eigentlich nun völlig unnötig waren. Vogel bringt folgende Argumente vor: Die Führung des XVIII. Gebirgskorps hätte nach fünf Monaten

Abb. 51 Werkgruppe Nymfaia aus der Sicht des Angreifers
Aus Denkschrift Bild 160

Kämpfen gegen die Italiener keinen solchen Widerstandswillen bei den griechischen Streitkräften mehr erwartet. Die Wirkungslosigkeit der Luftangriffe gegen die Metaxas-Linie sei nicht vorhersehbar gewesen. Schließlich hätte ein kräftigerer Widerstand der Jugoslawen theoretisch die Flankenumgehung in Frage stellen können.[2]

Diese Argumente erscheinen u. E. nicht ganz stichhaltig. Gerade der andauernde Widerstand der Griechen gegen die Italiener, ihr Vorstoß nach Albanien und die Zurückweisung der italienischen Frühjahrsoffensive hatten gezeigt, welch hohe militärische Qualitäten die griechischen Soldaten besaßen; Qualitäten, die noch gesteigert werde würden, wenn es um die Verteidigung der Heimat ging. Die Wirksamkeit von Luftangriffen auf moderne Forts war keineswegs eindeutig, wie die Angriffe auf die Maginot-Linie im Frankreichfeldzug gerade gezeigt hatten. Spä-

1 Die Darstellung folgt Richter, *Griechenland im Zweiten Weltkrieg*, pp. 312-314

2 Detlef Vogel, "Das Eingreifen Deutschlands auf dem Balkan" in: Militärgeschichtliches Forschungsamt (ed.), *Das Deutsche Reich und der Zweite Weltkrieg* (Stuttgart: Deutsche Verlagsanstalt, 1984), p. 463f.

testens seit den Vorort-Erkundungen hätte den Planern des XVIII. Korps klar sein müssen, dass in einem solchen Gelände wie das an der griechisch-bulgarischen Grenze, mit Bombardements relativ wenig auszurichten ist. Die Flankenumgehung hätte in der Tat durch einen effektiven Angriff der Jugoslawen in die ungeschützte eigene Flanke gefährlich werden können. Aber wo war der jugoslawische Verband, der es mit einer Panzerdivision in offenem Gelände hätte aufnehmen können. Außerdem standen nördlich vom Einsatz der 2. Panzerdivision das XXXX. (motorisierte) Korps und Kleists Panzergruppe 1, die einen solchen Versuch der jugoslawischen Armee rasch im Keim erstickt hätten.

Bevor wir uns der Diskussion weiterer Gründe zuwenden, erscheint es zweckmäßig, die Flankenoperation der 2. Panzerdivision darzustellen. Die Division war im Strumica-Tal bereitgestellt worden. Schon am Angriffstag erreichte sie den Ort Strumica in Jugoslawien, wobei sie jugoslawische Verbände, die ihr aus Richtung Štip entgegengeworfen wurden, zerschlug. Für den weiteren Vorstoß wählte die 2. Panzer-Division nicht den Weg über das Axios-Tal (Vardar-Tal), da man dort starke Sperren vermutete, sondern entschied sich für den Weg durch die Berge zwischen Axios und Doiran-See. Diese Entscheidung erwies sich als richtig, denn die Division stieß bis zur Grenze praktisch auf kein Hindernis. Allerdings war die Straße selbst drittklassig. Am Abend des 7. April erreichten die Panzer der Division die griechisch-jugoslawische Grenze südöstlich des Doiran-Sees.Der Durchbruch durch die noch im Bau befindliche Sperrlinie hart südlich des Doiran-Sees gelang leicht nach Niederkämpfen einer die Vormarschstraße durch Feuer beherrschende Geschütz- und M.G. Kasematte.

In diesem Augenblick erkannte der Oberbefehlshaber der Ostmakendonischen Armeeabteilung, (TSAM, Τμήμα Στρατιάς Ανατολικής Μακεδονίας), General Konstantinos Bakopoulos, dem auch die Truppen der Metaxas-Linie unterstanden, die doppelte Gefahr, die seinem linken Flügel drohte, wenn sich die Panzereinheiten mit den Truppen der 6. Gebirgsdivision östlich des Sees vereinten. Er informierte den Generalstab über die sich zusammenbrauende Gefahr und bat um Unterstützung durch die 1. britische Panzerbrigade, die dem für den Morgen des 8. April zu erwartenden Vorstoß der deutschen Panzerkräfte in die Flanke fallen sollte. Diese Bitte, wie auch die Bitte um Luftunterstützung durch die RAF, waren vergeblich,[1] die Ostmakedonische Armeeabteilung blieb auf sich allein gestellt.

Bakopoulos befahl daher der 19. (mot.) Division, sich nun ebenfalls der 2. Panzerdivision entgegenzustellen. Dies konterten die Deutschen, indem sie den Schwerpunkt ihrer Luftangriffe auf den linken Flügel verlagerten. Schwere Luftangriffe des VIII. Fliegerkorps verhinderten, dass die griechische 19. Division rechtzeitig südlich des Doiran-Sees eintraf und einen Abwehrriegel aufbauen konnte. Stattdessen geriet sie, erst halb versammelt, in den Angriff der 2. Panzerdivision und mußte sich nach Osten in Richtung auf die Struma zurückziehen. Die 2. Panzerdivision teilte sich nun. Ein Teil stieß nach Nordosten vor, um die Krousia-Stellung aufzurollen, die gegen die 6. Gebirgsdivision Front machte. Gegen den harten Widerstand von Teilen der 19. (mot.) Division gelang das auch. Eine andere Panzergruppe rollte über Kilkis nach Thessaloniki, das am Abend des 8. April erreicht wurde. Ein dritter Teil schließlich fuhr Richtung Südwesten bis nach Polykastro am Axios. Die griechischen Kräfte in diesem Gebiet setzten sich über den Fluß nach Westen ab, und die Pioniere der britischen Panzerbrigade sprengten die über den Axios führenden Brücken.

Als Bakopoulos erkannte, dass ein Entkommen seiner Armeegruppe nach Westen nicht länger möglich war, weil er - zu Recht - meinte, die Axiosbrücken seien zu früh gesprengt worden,

---

1 NN, "Überblick über die Operationen des griechischen Heeres und das britischen Expeditionskorps im April 1941.Teil 1: Die griechischen Verteidigungspläne, die Mobilmachung und der Aufmarsch der verbündeten Streitkräfte" *Militärwissenschaftliche Rundschau*, 8:1 (1943), p. 84.

erteilte er den ihm unterstellten Divisionen den Befehl, sich auf die Häfen Ostmakedoniens zurückzuziehen. Von dort wollte er seine Truppen über See evakuieren. Dies erwies sich allerdings als undurchführbar, da in den Häfen keine Transportfahrzeuge vorhanden waren. Gegen 16:30 Uhr des 8. April informierte Bakopoulos telephonisch Papagos über seine Absichten. Wenige Minuten später erhielt er einen Telefonanruf aus dem Generalstab, in dem ihm befohlen wurde, mit den Deutschen Verhandlungen über eine Waffenstreckung aufzunehmen. Bakopoulos sandte gegen 21 Uhr einen Brief an den Kommandeur der 2. Panzerdivision, in dem er diesem die Feuereinstellung anbot und ihn bat, dass die griechischen Soldaten ihre Waffen behalten dürften, oder dass sie ihnen zumindest nach Kriegsende zurückgegeben werden sollten. Gleichzeitig informierte Bakopoulos die Kommandeure der größeren Einheiten, dass sie ihre Stellungen bis zur Unterzeichnung der Waffenstreckung halten sollten, um so die Ehre der griechischen Waffen zu retten.

Gegen 22:30 Uhr erhielt der Stadtkommandant von Thessaloniki die deutsche Antwort: bedingungslose Übergabe der Stadt bis Mitternacht. Diese erfolgte am nächsten Morgen. Nach dem Einmarsch der deutschen Truppen in Saloniki wurde die Kapitulation der Armeeabteilung Ostmakedonien (TSAM) am 9. April 1941 um 14 Uhr im deutschen Konsulat in Saloniki vollzogen. Die Offiziere durften ihre Seitenwaffen behalten. Ein Abtransport der griechischen Truppen in Gefangenenlager war nicht vorgesehen. Die zivile Verwaltung sollte weiter funktionieren; sogar die Polizei sollte ihre Waffen behalten. Bakopoulos informierte seine nachgeordneten Stellen über die vollzogene Kapitulation. In verschiedenen Fällen hatten die Forts noch bis zum letzten Moment Widerstand geleistet und kapitulierten erst auf ausdrücklichen Befehl von Bakopoulos

60.000 griechische Soldaten hatten in Ostmakedonien und Westthrakien die Waffen gestreckt. Nach dem Abschluss der Kämpfe wurden sie in ihre Heimat entlassen. Bei der ehrenhaften Kapitulation wurden die zwischen Soldaten üblichen Courtoisien ausgetauscht, wobei sie in diesem Fall offensichtlich ernst gemeint waren, denn sie gingen weit über das Übliche hinaus. Die griechischen Verteidiger hatten sich so gut geschlagen, dass die sieggewohnte Wehrmacht zum ersten Mal in diesem Krieg beeindruckt war.[1] Die deutschen Verluste waren hoch. Allein das XVIII. Gebirgskorps hatte 480 Gefallene, 1.750 Verwundete und 70 Vermisste zu verzeichnen.[2] Nach anderen deutschen Angaben sollen sich die Gesamtverluste des XVIII. Gebirgskorps in diesen Kämpfen auf 555 Tote, 2.134 Verwundete und 170 Vermisste belaufen haben.[3] Papagos beziffert die griechischen Verluste auf weniger als 1.000.[4]

Wie dem auch sei, sie wären auf beiden Seiten erheblich niedriger gewesen, hätte das XVIII. Gebirgskorps hauptsächlich auf den Angriff der 2. Panzerdivision gesetzt, die die gesamte Metaxas-Linie mit verhältnismäßig geringem Aufwand von rückwärts hätte aufrollen können. Da die oben aufgeführten Gegenargumente nicht allzu überzeugend sind, erhebt sich die Frage nach plausibleren Gründen. War es einfach eine gewisse Inflexibilität, die die Führung des XVIII. Gebirgskorps nicht von der bis dahin erarbeiteten operativen Planung abrücken ließ oder waren hier auch wieder einmal Prestigefragen im Spiel? Hatte dies etwas mit den Charakteren der beteiligten Kommandeure (z.B. Schörner, der später einen mehr als zweifelhaften Ruf genoß: oder Ringel, der "Halsschmerzen" nach einem Ritterkreuz hatte) zu tun, war es Selbstüberschätzung, Sturheit, Draufgängertum oder Arroganz? Hinweise, dass solche Elemente mitspie-

1 GES, *Epitomi Istoria*, p. 175.
2 Vogel, *op. cit.*, p. 463 Fußnote 20.
3 Buchner, *Griechenlandfeldzug*, p. 128.
4 GES, *Epitomi Istoria*, p. 175; Alexander Papagos, *The Battle of Greece 1940-1941* (Athen: Alpha Editions, 1949), p. 358 spricht von 15.000 deutschen Verlusten, was völlig übertrieben ist..

lten, sind feststellbar, aber definitive Antworten auf diese Fragen werden sich wohl kaum finden lassen. Festgehalten werden kann aber, dass die Verluste unnötig und unverantwortlich hoch waren.

Der Durchbruch der Gebirgstruppen durch die Metaxas-Linie zeigte andererseits, dass genau wie zuvor in Frankreich die Zeit der starren Verteidigungslinien gegen einen modern ausgerüsteten Gegner vorbei war. Das für viel Geld aufgebaute griechische Grenzverteidigungssystem hätte für die Abwehr eines bulgarischen Angriffs, gegen den es ursprünglich auch konzipiert worden war, vielleicht ausgereicht, aber gegen die modern ausgerüsteten Truppen der Wehrmacht konnten sich die Verteidiger trotz aller Tapferkeit nur drei oder vier Tage halten. Auch wenn Bakopoulos über größere Reserven verfügt hätte, wäre das Ergebnis letztendlich nicht viel anders gewesen. Betrachtet man aber die militärgeographischen Gegebenheiten Ostmakedoniens und Westthrakiens und sieht die geringe Tiefe des Raumes, verwundert es nicht, dass selbst nach dem Zweiten Weltkrieg die griechische Verteidigungsplanung noch lange an der Konzeption von 1940/41 festhielt.

Außerdem waren die vier Divisionen der Armeeabteilung Ostmakedonien ausgeschaltet worden, ohne dass sie dort militärisch viel Sinnvolles bewirkt hatten. Sie hatten den deutschen Angriff gerade vier Tage verzögert. Hätte man sie in die Aliakmon-Stellung verlegt, hätten sie dort operativ eindeutig mehr zur Verteidigung Griechenlands beitragen können.

FAZIT

Die Metaxas-Linie war zum Schutz gegen bulgarische Angriffe errichtet worden und hätte solche auch erfolgreich abgewehrt, denn Bulgarien verfügte über keinerlei Waffen, die die Überwindung der Linie gewährleistet hätten, zumindest nicht im zentral- und ostmakedonischen Bereich, wo die Metaxas-Linie gut ausgebaut war. Hätte ein bulgarischer Angriff sich auf diesen Teil Griechenlands beschränkt, wäre er bestimmt erfolgreich abgewiesen worden. Den Bulgaren wäre es sich nicht gelungen, den Durchbruch durch das Beles (Kerkini)-Gebirge zu schaffen.

Dies war auch der Bereich, in dem die Topographie die Verteidigung unterstützte. Die Grenze verlief dort auf dem Kamm hoher Gebirgszüge. Der einzige Flussdurchbruch, durch den auch die größte Verbindungsstraße von Bulgarien nach Griechenland führte, die Strumaenge, war entsprechend so gut ausgebaut, dass es nicht einmal die Wehrmacht schaffte, hier frontal durchzubrechen.

Die Gründe, warum die Metaxas-Linie in West-Thrakien nicht ausgebaut wurde, waren vielfältig. Der wichtigste dürfte in der Topographie zu suchen sein. Die Berge, durch die die beiden Angriffsstraßen führten, waren erheblich niedriger. Ein Ausbau dieser Berggrenze mit Befestigungen hätte weit mehr Bauten erfordert als in Makedonien. Und genau dies war hier wie in Makedonien ein Problem. Griechenland hatte nicht die finanziellen Mittel, um eine durchgehende Verteidigungslinie von 300 km Länge, von der jugoslawischen Grenze bis zur türkischen, zu errichten.

Makedonien war außerdem die Kornkammer Griechenlands, und war seit jeher hauptsächlich von Griechen besiedelt gewesen und war schon im Balkankrieg an Griechenland gefallen. West-Thrakien war erst durch den Friedensvertrag von Neuilly griechisch geworden. Außerdem lebten dort viele Nichtgriechen (Pomaken). Diese eher psychologischen Gründe dürften durchaus eine Rolle gespielt haben, dass die Verteidigung dieser Provinz so spärlich ausfiel. Zudem bot sich der Nestos als schwer zu überwindendes militärisches Hindernis geradezu an, die primäre Metaxas-Linie ans Meer zu führen. Ein Verlust von West-Thrakien an Bulgarien hätte Griechenland verkraftet.

Eine dünne Verlängerung der Metaxas-Linie und die Sperrung der beiden Straßen aus der Maritza-Niederung in Bulgarien nach Xanthi und Komotini waren nicht sinnvoll. Das Ziel, das Rodopi-Gebirge östlich des Nestos bis zur türkischen Grenze zu sperren, konnte nicht erreicht werden, da es zu viele Seitenstraßen gab, die von den Gebirgstruppen benutzt werden konnten. Als die 164. und 50. Inf. Division Echinos und Nymfaia umgingen, geschah dies auf Karrenwegen. Es wäre vermutlich sinnvoller gewesen, die in West-Thrakien eingesetzten Truppen nach Ost-Makedonien zu verlegen und mit ihnen die eigentliche Metaxas-Linie zu verstärken.

Doch bevor die Metaxas-Linie fertig ausgebaut war, brach der Krieg aus. Die Masse der griechischen Truppen musste in Albanien gegen die Italiener eingesetzt werden Von der für die Verteidigung der Linie eingeplanten Truppen, war nur noch ein Drittel verfügbar. Dennoch gibt es keinen Zweifel daran, dass die Griechen einen Angriff der Bulgaren allein abgewehrt hätten.

Die einzige Schwachstelle der makedonischen Metaxas-Linie war der Kerkini-Kamm. Diese Kamm-Linie hätte vielleicht gegen die Bulgaren gehalten werden können, aber die Truppen der Wehrmacht überrannten diese Schwachstelle und stießen auf die Krousia-Stellung vor. Die grenznahen Werke Kelkagia, Istimbei und Popotlivitsa hatten zu wenig Abwehrkraft, um die deutschen Angriffe auf die Scharten zu stoppen, und weil sie in ihrem Rücken nicht stark genug ausgebaut waren, konnten sie umgangen werden.

Den militärischen Wert der Metaxas-Linie nur nach dem Mißerfolg im Kampf gegen die Wehrmacht beurteilen zu wollen, wäre falsch. Im Gegenteil, wenn die Griechen es schafften, trotz mangelhafter Bewaffnung mit einfachsten Mitteln eine Befestigung zu errichten, der hohe

Abwehrkraft nicht abgesprochen werden kann, so war dies - so die Denkschrift der Wehrmacht - *"vor allen Dingen in Anbetracht der Kürze der Bauzeit und des geringen Kostenaufwandes - eine außerordentliche Leistung."*[1]

Abschließend soll noch festgestellt werden, dass die 1942 veröffentlichte Denkschrift keinerlei Nazi-Propaganda enthält. Sie ist eine objektive militärische Denkschrift unglaublicher Präzision. Sie ist eine erstklassige historische Quelle. Ihre Ressourcen sind Erkundungsberichte des Pionier-Erkundungsstabs Metaxas, die Kriegstagebücher der an den Operationen beteiligten Korps, Divisionen und unterstellten Einheiten und weitere deutsche und griechische Materialien.

Zum Schluss noch eine Anmerkung zu meinen damaligen Besuch in der Metaxas-Linie: Was mir damals gezeigt wurde, war nicht die Original-Linie, wie ich sie in der vorliegenden Studie beschrieben habe, sondern eine reorganisierte und umgebaute Linie aus der Zeit des Kalten Krieges. Damals wurden die Bauten "atombombenfest" umgebaut und oft neu errichtet.[2] Nun gab es sogar Bunker mit Geschützen, weshalb bei mir der Eindruck einer großen Ähnlichkeit mit der Maginot-Linie entstand. Diese Geschütze mit ihren charakteristischen Rohren stammten von US-Panzern, die vermutlich verschrottet worden waren. Nach Angaben von Kapka Kassabova[3] fand die Modernisierung der Linie während der griechischen Militärdiktatur 1967-74 statt. Sie soll von der NATO finanziert worden sein. Ihre Beschreibung des Innenausbaus der Anlage von Fort Lisse stimmt mit dem überein, was ich selbst gesehen hatte. Danach gab es Schlafsäle, einen Überwachungsraum, einen Kommunikationsraum mit modernsten Geräten u.a.m.. Auf den Labels der dort liegenden Decken war nach ihren Angaben das Jahr 1989 angegeben.

Ferner darf nicht vergessen werden, dass viele Bunker beim deutschen Angriff zerstört wurden. Aber wenig später wurde das Gebiet der Metaxas-Linie bis Oktober 1944 bulgarische Besatzungszone, und die Bulgaren zerstörten viele der noch existierenden Bunkeranlagen, so dass kaum etwas von der ursprünglichen Metaxas-Linie übrig blieb. Auch deswegen war die Rekonstruktion notwendig.

Der Besucher sieht also heute genau das, was ich damals sah, also nur die neue Linie, die mit der originalen Metaxas-Linie so gut wie nichts zu tun hat.

---

1 *Ibidem*, p. 221.

2 J. E. Kaufmann and R. M. Jurga, *Fortress Europe. European Fortifications of World War II* (Conshohocker, PA, 1999), p. 413.

3 Kapka Kassabova, *Die letzte Grenze am Rand Europas. In der Mitte der Welt* (Wien: Zsolnay, 2018), p. 277.

BIBLIOGRAPHIE

Primärquellen:

Akteneditionen, Dokumentationen

Deutsches Reich

Oberkommando des Heeres (ed.), *Denkschrift über die griechische Landesbefestigung* (Berlin: Reichsdruckerei, 1942).

Sekundärliteratur

Buchner, Alex *Der deutsche Griechenland-Feldzug. Operationen der 12. Armee 1941* (Heidelberg: Kurt Vowinckel, 1957)

Genikon Epiteleion Stratou,, *Agones eis tin Anatolikin Makedonian kai tin Dytikin Thrakin* (Athen: Ekdoseis Diefthynsiseos Istorias Stratou, 1956)

Kassabova, Kapka *Die letzte Grenze am Rand Europas. In der Mitte der Welt* (Wien: Zsolnay, 2018)

Kaufmann, J. E. And R. M. Jurga, *Fortress Europe. European Fortifications of World War II* (Conshohocker, PA, 1999)

Kourouklis, Combined PublisherG. *To Polemikon Imerologion tis 4. Moiras Pyrobolikou. Agon ton Ochyron* (Athen, 1973)

Neher, Kurt *Serbien, Griechenland, Kreta feindfrei* (Berlin: Schützen-Verlag, 1942)

NN, "Überblick über die Operationen des griechischen Heeres und das britischen Expeditionskorps im April 1941.Teil 1: Die griechischen Verteidigungspläne, die Mobilmachung und der Aufmarsch der verbündeten Streitkräfte" *Militärwissenschaftliche Rundschau*, 8:1 (1943)

Papagos, Alexander *The Battle of Greece 1940-1941* (Athen: Alpha Editions, 1949)

Richter, Heinz A. *Geschichte Griechenlands im 20. Jahrhundert*, Band I (Mainz: Rutzen, 2015) = Peleus 67/I.

\- *Griechenland im Zweiten Weltkrieg 1939-1941*, Zweite erweiterte Auflage (Mainz: Rutzen-Verlag, 2010) = Peleus 2

Stavrianos, Leften S. *The Balkans since 1453* (New York: Holt, Rinehart and Winston, 1965)

Terzakis, Angelos *The Greek Epic 1940 - 1941* (Athen: Army General Staff, 1990)

Vogel, Detlef "Das Eingreifen Deutschlands auf dem Balkan" in: Militärgeschichtliches Forschungsamt (ed.), *Das Deutsche Reich und der Zweite Weltkrieg* (Stuttgart: Deutsche Verlagsanstalt, 1984)

Zalokostas, Christos *Roupel* (Athen: Estia, 1945)